企业预算绩效管理研究

钟向东 著

北京工业大学出版社

图书在版编目（CIP）数据

企业预算绩效管理研究 / 钟向东著. — 北京：北京工业大学出版社，2021.9
　　ISBN 978-7-5639-8141-0

Ⅰ. ①企… Ⅱ. ①钟… Ⅲ. ①企业管理－预算管理－研究 Ⅳ. ①F275

中国版本图书馆 CIP 数据核字（2021）第 201389 号

企业预算绩效管理研究
QIYE YUSUAN JIXIAO GUANLI YANJIU

著　　者：	钟向东
责任编辑：	张　贤
封面设计：	知更壹点
出版发行：	北京工业大学出版社
	（北京市朝阳区平乐园 100 号　邮编：100124）
	010-67391722（传真）　　bgdcbs@sina.com
经销单位：	全国各地新华书店
承印单位：	唐山市铭诚印刷有限公司
开　　本：	710 毫米 ×1000 毫米　1/16
印　　张：	9.25
字　　数：	185 千字
版　　次：	2023 年 4 月第 1 版
印　　次：	2023 年 4 月第 1 次印刷
标准书号：	ISBN 978-7-5639-8141-0
定　　价：	60.00 元

版权所有　　翻印必究

（如发现印装质量问题，请寄本社发行部调换 010-67391106）

作者简介

钟向东，贵州财经大学副教授，研究方向为财务管理，主持并完成贵州省哲学社会科学规划课题一项、贵州省科技厅软科学课题一项、贵州省教育厅人文社会科学课题三项，发表论文二十余篇。

前 言

近几年来，随着我国社会经济的快速发展，各行业之间的竞争也变得越发激烈，而要想在激烈的市场竞争中站稳脚跟，就必须做好预算绩效管理方面的工作，这是企业可持续发展的重要前提。预算绩效管理是现代社会一种新型的财务管理制度，在各行业内部发挥着十分重要的作用，如今已经成为企业生产经营体系不可或缺的重要组成部分。

全书共七章。第一章为绪论，主要阐述了预算绩效管理的概念界定、预算绩效管理研究现状、中国企业全面预算管理的发展、预算绩效管理的重要意义等内容；第二章为预算绩效管理的基本理论与方法，主要阐述了预算绩效管理的基本理论、预算绩效管理方法等内容；第三章为企业预算绩效管理的现状，主要阐述了预算绩效管理的瓶颈、预算绩效管理面临的机遇与挑战、预算绩效管理的优化策略等内容；第四章为企业预算绩效目标管理，主要阐述了预算绩效目标设定、预算绩效目标审核、预算绩效目标批复等内容；第五章为企业预算绩效运行监控管理，主要阐述了预算绩效运行监控概述、预算绩效运行监控环节、预算绩效运行监控实践等内容；第六章为企业预算绩效评价管理，主要阐述了预算绩效评价指标、预算绩效评价管理的基本流程、预算绩效评价指标体系的构建、预算绩效评价管理的保障措施等内容；第七章为国外企业预算绩效管理实践模式的借鉴，主要阐述了美国企业预算绩效管理实践模式、英国企业预算绩效管理实践模式、韩国企业预算绩效管理实践模式、丹麦企业预算绩效管理实践模式、各国企业预算绩效管理实践模式的借鉴等内容。

为了确保研究内容的丰富性和多样性，笔者在写作过程中参考了大量理论与研究文献，在此向涉及的专家学者们表示衷心的感谢。

最后，限于笔者水平，加之时间仓促，本书难免存在一些不足，在此，恳请同行专家和读者朋友批评指正！

目 录

第一章 绪 论…………………………………………………………1
  第一节 预算绩效管理的概念界定……………………………1
  第二节 预算绩效管理研究现状………………………………13
  第三节 中国企业全面预算管理的发展………………………16
  第四节 预算绩效管理的重要意义……………………………17

第二章 预算绩效管理的基本理论与方法……………………………22
  第一节 预算绩效管理的基本理论……………………………22
  第二节 预算绩效管理方法……………………………………43

第三章 企业预算绩效管理的现状……………………………………62
  第一节 预算绩效管理的瓶颈…………………………………62
  第二节 预算绩效管理面临的机遇与挑战……………………67
  第三节 预算绩效管理的优化策略……………………………68

第四章 企业预算绩效目标管理………………………………………74
  第一节 预算绩效目标设定……………………………………74
  第二节 预算绩效目标审核……………………………………86
  第三节 预算绩效目标批复……………………………………87

第五章 企业预算绩效运行监控管理…………………………………89
  第一节 预算绩效运行监控概述………………………………89
  第二节 预算绩效运行监控环节………………………………93
  第三节 预算绩效运行监控实践………………………………95

第六章　企业预算绩效评价管理 ······ 99
第一节　预算绩效评价指标 ······ 99
第二节　预算绩效评价管理的基本流程 ······ 101
第三节　预算绩效评价指标体系的构建 ······ 108
第四节　预算绩效评价管理的保障措施 ······ 115

第七章　国外企业预算绩效管理实践模式的借鉴 ······ 123
第一节　美国企业预算绩效管理实践模式 ······ 123
第二节　英国企业预算绩效管理实践模式 ······ 125
第三节　韩国企业预算绩效管理实践模式 ······ 126
第四节　丹麦企业预算绩效管理实践模式 ······ 128
第五节　各国企业预算绩效管理实践模式的借鉴 ······ 132

参考文献 ······ 136

第一章 绪 论

随着我国改革开放的不断深入、经济市场化程度的提高，企业间的竞争日益激烈，内外部环境的不确定性增大，预算绩效管理对企业越来越重要。本章分为预算绩效管理的概念界定、预算绩效管理研究现状、中国企业全面预算管理的发展、预算绩效管理的重要意义四个部分。主要内容包括：绩效与绩效管理、预算绩效管理、西方预算绩效管理研究现状、国内预算绩效管理研究现状等。

第一节 预算绩效管理的概念界定

一、绩效与绩效管理

（一）绩效

1. 绩效的概念

国外学者对绩效研究按侧重点大致分为三种类别：从工作结果的角度、从工作行为的角度和从行为结果相结合的角度，梳理如下。

① 1995年，伯纳丁（Bernadin）学者从工作结果的角度研究，认为绩效就是工作结果，这些工作结果与企业的战略性目标、投入的资金、客户满意度有着密切的关系。

② 1995年，贝茨（Bates）和霍尔顿（Holton）学者从多维建构的角度研究，认为绩效是一个多维建构，不同侧重点的测量和观察都会使最后的结果不同。

③ 1990年，墨菲（Murphy）学者从组织工作行为的角度研究，认为绩效是员工在其工作的组织或组织发展目标相关的一组行为表现。

④1993年，坎贝尔（Campbell）学者从行为表现的角度研究，认为绩效与行为相似，是人们在实际工作中能够得到的行为表现。

⑤1988年，布鲁姆布拉赫（Brumbrach）学者从行为和结果的角度研究，认为绩效同时包含行为和结果两个因素。行为是通过执行工作的人员来展现的，且企业目标或是工作职责的达成需要通过行为得以实现，而达成本身也可以体现行为过程，结果往往是经过工作过程中的付出而产生的，因此，也可以将结果和行为分开评估。

⑥1993年，鲍曼（Borman）和摩托维德罗（Motowidlo）学者从二维模型的角度，认为行为绩效包括关系绩效和任务绩效两个维度，关系绩效指员工自愿发起的，并不是由组织制定的，与工作熟练度不直接相关，但是总体上能提升组织效率的行为；任务绩效指与工作直接相关的，与工作熟练度直接相关的，组织所指定的行为；两者相互补充。

随着国内经济的复苏与繁荣，国内开始有专家学者对绩效展开研究。姜福先认为"任务绩效是每位员工在特定时间用自身的学识、经营、能力等方面的投入，在特定的平台达成某种成果的过程"。王旭则提出，"绩效反映了企业经营的有效性，它应当包括效率和效果，如果将绩效与商业模式进行研究，发现商业模式是企业价值创造的逻辑，这一逻辑在企业运营过程中即体现为对绩效的影响"。

综上，绩效结果不是单一因素决定的，工作过程和工作结果两方面都会分别对其产生影响并且会产生综合的影响。在一定的约束下，投入与产出的程度，以及完成目标任务的程度，称之为绩效。从绩效的概念产生以来，各家学派都在对其概念进行研究，并形成了一些理论概念。虽然学者之间对其表述各有差异，但是综合来看，大家一致认为，绩效包含两个方面的内容，且这两个方面内容相互之间还要统一起来。这两个方面内容，一个是投资行为和过程，一个是投资产生的产出和效果，这两者之间相互有联系。其中，投入的行为和过程是基础，这个行为和过程导致的结果就是产出和效果，也就是所谓的绩效。其中"绩"代表的是产出，"效"代表的是结果。绩效这一概念使用的范围是逐步拓展的，首先从经济学研究开始再到社会经济管理，然后再逐步应用到人力资源管理、工商管理等领域，直到20世纪70年代开始，西方国家为应对财政危机，赢得社会公众信任，才逐步将这一概念引入公共管理领域。

2. 绩效在企业管理中的概念

绩效这个概念对于企业有着多维度的意义。绩效主要涵盖整个组织或者个人目标实现的多种变量，代表了一种基于某特定周期对目标的完成程度。

绩效在企业管理中是结果，是承诺的行为，更是可以转化为收益的价值，如图 1-1 所示。

公司期望的结果	员工对公司的承诺	员工工作成果所代表的价值
公司为实现其工作目标，部门、员工各层面必须产出的有效结果。	薪酬对等关系，是员工对工作成果的承诺，薪酬是对其对等成果的激励。	员工通过个人技能、知识和综合能力产出服务和产品等形成的收益价值。

图 1-1　绩效在企业管理中的概念

（二）绩效管理

1. 绩效管理的概念

这是一个从绩效开始到绩效提升的完整的链条，最终的目的就是达到和提升绩效目标。这个链条过程中要经历订立绩效的目标、开展评价、结果的运用和目标的提升等过程。企业是最早应用绩效管理的领域，并且通过绩效管理实现了促进企业经济增长的目标。

绩效管理是一种管理理念，很多研究者都谈到了绩效管理的重要性。首先，它是一个系统，一个将组织和员工结合在一起的管理系统。绩效管理可以分为两种，一种是从公司战略发展的角度出发，关注公司战略方向的实现，另一种是从组织和个人绩效发展的角度设计的。绩效考核只是绩效管理的一部分，绩效规划、绩效管理、绩效沟通和绩效实施才是绩效管理的关键部分。

总之，进行绩效管理要重点关注提质增效，注重对已设定的绩效目标完成的过程和其产生的结果的考核。

2. 绩效管理国内外研究现状

（1）国外研究现状

早期，国外学者就进行了绩效管理研究。学者们普遍对绩效管理有三种观点。第一种是认为绩效管理应当将绩效视作一种素质来考核，其过程应当将员工个人综合能力和素质及态度等考虑在内。第二种是认为绩效管理应对结果进行评估，结果是最重要的指标。第三种是认为绩效管理应当对绩效完成过程中的行为进行评价，他们认为将结果视为唯一指标而忽视过程中的行为会造成评价公平性的偏差，过程中的目标行为应该占更大考核比重。

美国研究者将绩效管理定义为对绩效的管理、衡量和改进，以最大限度地发挥、发展潜力。经过多年演进和发展后，也有学者又将原先的定义进行了完善，明确了两个关键词，第一个叫作与战略目标保持一致，第二个叫作持续性过程，同时指明了绩效管理的目的，即企业管理层为实现组织的经营目标需要绩效管理，员工为了体现个人价值需要绩效管理。关于绩效管理如何匹配组织战略，阿古尼乌斯（Aguinius）认为各级管理人员需广泛参与到组织战略的制定中，以确保管理人员与部门及企业的重点任务保持同频，最后以此来构建有效的绩效管理体系。这一连串过程就将组织战略细化到了绩效管理中，使得组织战略与绩效管理匹配。

近几年，国外学者更多地在实践领域对绩效管理进行探索。马库斯（Marcus）在德勤的调研中发现超过一半的高管们质疑他们现有的绩效管理方式既没有驱动员工参与度也没有让他们表现得更出色。迈克尔·施拉格（Michael Schrage）等人在看待当代绩效管理时，给予的评价是企业和个人所使用的工具和技术在不断发展，而绩效管理模式却没有跟上。很多企业的确意识到了数字发展如此之快的环境下，对于早期传统的绩效管理必须要做出改变，未来的绩效管理是更加数据驱动，更加灵活，更加有延续性且以推动企业发展为导向的。

伴随着知识经济时代的来临，随知识经济应运而生的员工被称作知识型员工。20世纪50年代末，彼得·德鲁克（Peter F.Drucker）第一次明确提出了知识型员工的概念，国外对知识型员工绩效评价方法的研究较多。唐纳德（Donald）指出考核结果不仅用于决定薪酬和晋升，还用于发展和提高员工的绩效，最终的绩效评价鉴别出了员工的优点对其进行激励，而对于不足则需要引入培训来加以改进。

（2）国内研究现状

国内学者们在绩效管理上的研究更多的是对西方的研究结论进行总结。基于企业遇到的实际人力资源问题，一部分学者认为，设计合理高效的薪酬体系并合理应用科学、完善的绩效评价体系，是能够持续将员工的绩效提高的主要方法。还有一部分学者则从企业战略层面出发，绑定公司、组织，以及个人的利益，使其一致，以提升整体效能。

宋劝其给予了对新媒体考核制度发展趋势的看法，他认为新媒体企业考核的发展趋势和两种特点是互相依存的，一个是新媒体企业自身的特点，再就是从业者自身的特点。新媒体应该着重注意的有三点，一是创新力，二是开放度，三是参与感，员工往往不愿受约束。新媒体企业制定的绩效考核与激励更是应该以目标为导向，OKR（目标与关键成果）恰恰是最适合该趋势的绩效管理方法之一。

杨华认为绩效管理理论从根本上讲属于一个闭环的体系，能够推动团队以及每个工作人员在工作过程中做出对实现个人根本目标更加有利的行为，以此推动企业战略目标的实现。

周宇霞、龙腾、张勇波强调了新市场经济下的企业绩效管理是为了确保顺利实现企业经营目标以及战略，企业要牢牢绑定自身发展战略和员工个人的目标，强调企业要确保战略目标顺利实现，战略性激励机制的构建和加强绩效沟通与反馈机制的构建是关键。

国内对知识型员工绩效考评的研究相对比较晚，但是很多学者也做出了探索研究。石妹莉基于媒体融合和转型加剧的市场，通过对传媒业知识型员工概念的界定、特性的梳理，归纳提出具有针对性的管理策略，如积极打造学习型组织氛围，提升组织认同感，重视软激励，平衡工作与生活，以及鼓励创新与团队合作等。

随着我国经济、科技的不断发展，互联网的迅速渗透普及，国内学者不但对行业数字化发展做了深度的研究，也越来越重视该领域人才管理的变革。阮卫研究了代理人角色演变轨迹，还提出了代理角色遭遇的上下游同时挤压的竞争力量，面临去中介化的困境。她提出其中一个解决方案，即要将核心竞争力——"创意"，拓展到各个环节和层面，和媒体尤其是大型互联网企业全面合作，及时学习，掌握技术，融会贯通。

段培立提到了在大数据和互联网时代 4A（American Association of Advertising Agencies）代理公司面对的冲击，并对如何应对这些挑战提出了建议，包括建立数字资产和数据策略能力，尤其是媒介策划，举例了类似奥美提供的营销策划服务整合，还有就是创意服务和媒介服务的整合。

曹玉月基于转型的传统公司做了分析，找出了他们自身存在的短板，包括缺乏技术基因，决策链路复杂，媒体形式单一，以及人才流失严重，并针对如何数字化转型提出三个角度。概括来说，整合多种渠道媒介资源进行营销传播的创新能力即为出路。

3. 绩效管理相关界定

各部门主管和员工，要想实现部门的目标，一是需要一起制作绩效的规划；二是有效地进行绩效辅助交流；三是评判绩效考核；四是实施绩效报告；五是制定战略性绩效目标，这几个流程可循环使用。

（1）绩效管理的目的

绩效管理是组织实现战略目标的战略管理的一个组成部分，其本质是促进组织和个人能力的不断提升，员工能力的改进和提升又正是组织绩效提升的源泉。

从业务的角度来看，绩效管理的目的之一是为战略目标的实现做出贡献，即通过追踪各个环节促进员工更好地实现个人绩效来提升组织绩效；另一个则是通过绑定企业文化和管理理念来解决管理中存在的问题以推动发展。

从员工视角来看，绩效管理的目的一个是在保障岗位职责的履行前提下不断提升自己的能力，从结果中意识到自己改进的方向，并实时与管理层沟通；另一个则是心理层面的自我价值实现，当员工通过有效的绩效管理体系了解自己对企业所做的贡献时，能帮助他们建立成就感，并更积极地投入工作中。

当然，绩效管理既要能反映股东价值最大化的诉求，也要能反映客户的价值、员工的价值。这几个要素是相互驱动的关系，最终也还是要回归到企业价值的增长和利润水平。

（2）绩效管理的发展历程

从管理科学初创起，管理学家、学者、企业家就开始探讨研究如何通过管理方式、方法的变化，激励员工为企业创造更多的效益，实现企业利益的最大化。

①赏罚调剂阶段。在企业、机构、社会组织发展的初期，规模小、人数较少，尚没有形成科学管理理念，多以平均主义思想为主导，在薪酬分配方面，以调剂为主。企业、机构、社会组织管理者大都是以自身判断、喜好为标准，对员工进行评价、赏罚，赏罚金额相差不大，趋于平均，也称"大锅饭"阶段。

②模糊评价阶段。这一阶段还是力求报酬差异化，没有形成统一的评价方式和标准，对员工进行粗略的评价。

③公务员式评价阶段。按照"德能勤绩"的标准，对员工从四个方面进行评价，重点评价"勤"与"绩"两个方面。由于指标设立的庞杂，重点不突出，不能准确地反映员工的绩效状况，也就达不到激发员工积极性的效果。但是，它开始将指标进行分解、量化，较之前有明显进步，也称量化"萌芽"阶段。

④科学管理阶段。这个时期，通过设定企业、机构、社会组织的工作目标，设定员工的工作岗位，量化员工的工作内容，用数据采集和计算分析的形式进行考核评价，即目标考核（MBO）。

⑤战略管理阶段。将企业的绩效指标设定在企业的战略目标位置上，将企业的战略目标最终落实到部门和员工。绩效管理的各环节、各项指标都与企业战略紧密联系在一起，体现和反映企业的战略目标，也称"未来管理"阶段。

（3）绩效管理的环节

①绩效规划。作为绩效管理流程的第一个环节，其制定得科学合理与否，将直接影响着绩效管理的实施效果。绩效规划主要是对于绩效目标的制定，主要包括目标和指标两个部分，最终目标是使每一位团队成员清晰掌握所承担的任务，由执行人自己制定，团队领导负责检查和指导。

②绩效执行。绩效管理要关注绩效形成的过程。作为企业当中的管理者，必须在各个目标实现过程中对员工进行辅导和引导，落实到具体任务，如做事的优先次序，并实现公司战略计划、部门计划中的内容。

③结果评价与考核。企业在工作一个阶段结束的时候，要对员工的工作表现、工作结果进行合理评价，确保评价的公正性和客观性。内容包括：量度原则和方法、评价的标准和评价资料的来源等。

④绩效评价结果反馈和应用。首先，要复盘全过程，处理总结性审查的结果，找出成功的经验教训，根据需要进行复制或标准化，总结弱点以避免重复，并将未解决的问题纳入下一个周期。其次，针对已经结束的绩效考核，评估结果要能与相应的其他管理环节相连接，主要管理接口包含了绩效改进计划的制订、组织的培训、薪酬奖金的分配、职务调配与员工职业的发展开发。

（4）绩效管理的影响因素

从绩效管理本身来看，绩效管理方案的优劣、方案制定人对企业的了解程度、考核目标，以及结果的公平性均对绩效管理有显著影响。优秀的绩效管理方案显著影响组织中员工的职业规划，完善的绩效管理体系以及科学合理的薪资发放标准会对组织中员工的职业观、价值观产生深远的影响。绩效管理方案的制定人员应当对组织以及组织中的每个人有所了解，才能制定出完善的绩效管理方案。考核结果的公平性会显著影响员工工作的态度，尤其是在服务行业，在选取绩效考核目标时也需要保证公平性与普适性。

从绩效管理配套措施的影响来看，组织环境、薪资规划、劳作关系、工作满意度、对企业的信任度均对绩效管理有显著影响。优秀的组织环境是绩效管理得以实现的根本，应当优先考虑组织层面的因素而非个人层面的因素。企业应该按照员工的工作贡献度来匹配其薪资。给予员工满意的薪资可以最大化激发他们工作的积极性与主动性，为了保持绩效管理的平衡性应该设置不同的薪资绩效考核标准。组织中和谐的劳作关系可以大大提升组织的核心竞争力，提高员工的工作效率，增加组织的经济效益。明确的工作目标，可以增加员工的工作满意度与积极性，组织中员工对工作的满意度和认可度取决于绩效管理方案的成熟度。组织和员工的信任度、亲密度显著影响组织的绩效管理。组织中的管理者与员工和谐度增加，组织的最终绩效也会增加。

衡量一个组织绩效以及个人绩效有一套固定的研究指标，可以根据关键指标法（KPI）来求得这一个关键指标。组织中每个考核对象应当充分了解考核的标准、考核指标的选取、选取指标的原因，保证考核结果的透明性。提高考核结果可信性的方法：提高考核人员整体素质、优化考核方案以及塑造和谐考核氛围。

（5）绩效管理的方案

任何绩效管理方案都是一把双刃剑。较好的绩效管理可以帮助组织实现战略目标，保障组织内各级员工的利益，充分挖掘员工的潜力，积极调动员工工作积极性，但绩效管理方案有时也会带来风险，不完善的绩效管理方案会使组织的日常运营陷入混乱，影响组织健康发展。

绩效管理方案的制定不仅要考虑组织因素还要考虑组织中个人的因素。绩效管理方案只有满足组织和个人的利益才能实现双赢。传统的方案过于依赖个人的主观臆断，绩效考核指标制定随意，不考虑组织的战略目标、组织文化体系、员工绩效目标等因素对绩效管理方案制定的影响，绩效考核结果难以服众。传统的组织采用单一的绩效评价体系，随着公司规模的扩大，单一的绩效评价体系慢慢转变为绩效管理整体方案，转变是否成功取决于组织的目标是否与员工个人目标吻合、是否明确绩效考核标准、绩效管理方案是否可以灵活地随着组织内外部变化而随时变化、是否重新刻画组织中的管理者与员工的关系。

二、预算绩效管理

（一）预算绩效管理的概念

预算绩效管理是企业绩效管理的重要组成部分，是以支出导向为结果的，是预算管理和绩效管理有机结合的产物，要求以绩效为核心，是企业提高运营管控水平和实现绩效管理的重要工具，通过对业务、资金和信息的整合，实现资源合理配置和企业高效运营，而绩效管理通过制定绩效目标、绩效的跟踪监控、及时反馈绩效动态和有效运用绩效评价结果，从源头控制资金的支出，进而实现其管理目的。

预算绩效管理是一个持续改进的过程，要以企业的战略目标为出发点，准确把握全面预算绩效管理的目标，科学运用预算绩效的方法，有效地将预算绩效评价结果用于企业实践过程中。企业通过开展预算绩效管理工作，能够将绩效理念融入预算管理工作的各个环节，确保企业预算编制、执行、考核及评价等工作能够协调统一。

预算绩效管理是一种全员参与、业务范围全面覆盖、管理流程全程跟踪的控制综合管理系统，在绩效预算体系下，企业可以将战略规划和经营目标细化分解为各预算执行单位的具体工作目标和行动计划。各预算单位必须将全部资源都纳入预算管理的监控中，通过定期或动态的预算考核，可以发现经营中存在的问题和风险，及时采取相应措施，为企业预算目标的实现提供合理的保证。正如美国著名管理学家戴维奥利所指出的那样，全面预算管理是为数不多的几个能把组织的所有关键问题融合于一个体系之中的管理控制方法之一。

（二）预算绩效管理的思想

企业开展预算绩效管理活动，需要明确预算绩效管理工作开展的意义与目标，拥有一个正确的预算绩效管理态度。企业预算绩效管理必须具备清晰的企业战略目标、完善的管理制度、标准规范的业务流程以及企业领导层的大力支持。如企业投资者对良好经济效益和规模稳定增长的预期、出资者对控制应收账款和存货的预期，以及以前年度的实际经营情况与预算管理的差异，这些都能为企业提供有效的经营分析，促使企业稳健发展。预算绩效管理具有"标杆"性，它为企业的日常经营业务、财务收支活动提供了控制尺度和衡量标准，只有明确了自己的行动目标，通过不断努力才能达到预期的结果。企业在实施预算编制工作时，如果预算目标与实际目标缺乏明确性，预算执行过程缺乏监管执行力，就会降低预算执行能力，从而导致预算执行进度过慢、执行效率偏低、执行效果较差，财务管理活动无法得到提升与改善。

（三）预算绩效管理的目的

在运营过程中全面实施预算绩效管理的目的是将绩效管理的理念及方法渗透到预算编制、执行以及监督的整个过程，将各个预算部门及所有的运营资金全部纳入绩效，将目标管理和评价成果运用到企业绩效管理活动中，各项管理制度全面落实到位，不断优化运营结构，完善各部门管理职能，优化管理结构，实现对企业资源结构的合理优化整合。因此，企业在实施预算绩效管理工作时，需要对"全面"一词有一个准确的认识与理解，通过设定预算绩效目标、实施动态化监控、开展预算绩效评价，对企业运营过程中所做出的各项决策进行深入分析，并将该决策落实到位，使方针政策能够贯穿到企业的整个运营活动中，推动企业的全面发展。

（四）预算绩效管理主要内容

预算绩效的提升是过程控制与结果评价的融合，过程控制关注的是预算是否合规、高效地执行，结果评价关注预算是否达到了目标，取得应有的效益。预算绩效管理作为企业绩效管理的重要组成部分，其主要内容有如下几个方面。

1. 预算绩效目标管理

绩效目标是预算资金投入预期要实现的产出及效果。预算编制时，需要在充分考虑地区及部门发展实际的基础上，设定相应的绩效目标。

预算绩效目标管理是贯穿预算绩效管理的一条主线，是企业在决策与计划中所确定的期望值，绩效目标应该依据可衡量的、具体的、可实现的、符合经济效益和效率的综合要求来制定。绩效目标管理是企业经营决策的重要依据，其根本目的是提高资金使用效益，实现资源优化配置。在市场经济中，明确预算绩效目标，进而科学地管理绩效目标，是预算绩效管理的基础。

2. 预算绩效监控运行管理

在预算执行过程中，为了掌握项目实施情况，明确预算资金支出责任，反映绩效目标完成情况，需要根据既定目标跟踪项目进度，及时纠偏纠错，确保预算执行和绩效目标实现双监控，实现资金使用效益和企业管理效益的共同提高。

为了及时掌握资金预算执行情况，明确资金支出责任，加快预算执行进度，更好地完成绩效目标，企业需要明确规定绩效监控的必要性、内涵、对象、方式、职责分工、内容等方面的具体细则，进一步强化各部门的职能职责，根据设定的绩效目标，采取项目跟踪、数据抽查等方式，及时掌握项目实施进度，确保资金使用效率和企业管理效益的提高，发现预算支出绩效运行与原定的目标发生偏离时，通过调整实施方案等方法予以纠正，情况严重的，暂缓或停止该项目的执行，以此确保企业运行不偏离总目标。

3. 预算绩效评价管理

这是预算绩效管理的重心，通过设立可衡量的绩效指标，规范绩效评价标准，使用科学的评价方法，来评价绩效目标实现的程度。

预算绩效评价管理是预算绩效管理的核心，各部门通过对绩效评价主体的不断完善，采取适合的评价方式方法，有机结合预算安排与绩效评价结果，在预算编制、执行、监督和评价管理的全过程中融入绩效理念，实施多层次的绩效评价。通过对每一阶段进行绩效评价，以便对阶段性的工作业绩进行真实、公正的反映，总结出以目标计划为标准的业绩实现的程度，从而评定业绩，总结经验，改进下一阶段的业绩，并且通过比较已实现的业绩与目标业绩，描述业绩完成进度，明确业绩发展趋势。收集信息是阶段性业绩评价开始前的准备工作，尤其是实现目标过程中的信息收集，在掌握项目实施进程中的一手资料后，通过会议的形式进行阶段性业绩的评价，包括比较实际业绩与预期目标、项目实施人员的反馈、业绩的改进建议、本阶段的总结、下阶段的计划等。

预算绩效评价是对企业预算资金使用的结果和影响进行评判的过程，但由于不同企业所从事的行业不同，大多数企业在进行绩效评价时仅仅只是侧重于资金的支付进度以及工程施工完成情况等，甚至部分企业没有完整的绩效评价指标体系，这对企业实行全面预算管理造成了很大的问题，预算绩效评价应该贯穿于整个企业的方方面面，而并不只是在资金使用完成后进行。另外，大多数企业的预算绩效评价单一且作用小，基本没有发挥其意义，这也不利于企业的长期发展。

企业资金是有限的，所以才需在每年期初进行预算编制，而预算编制仅仅是对未来的一个预测，与实际必然会有一些差距，所以通过预算绩效评价可以为企业第二年的预算编制提供一个有力的基础，且预算绩效评价所反映出的结果，会暴露出很多企业的问题。一个好的预算绩效评价指标体系，也是企业的一个良好的内部控制手段，因为全面的预算绩效评价指标，会通过最真实的信息计算出最真实的评分结果，促进企业更好地改进全方位的问题，且预算绩效评价应该针对预算管理的整个过程，在预算资金实施过程中及时调整反馈，尽可能地提高企业每一笔钱的利用率。一个企业要想在当今激烈的竞争市场中走得更远，一个好的预算绩效评价机制必不可少。

4.预算绩效评价结果反馈应用管理

这可以带动评价报告增质，提高预算编制的科学性，另外，通过评价结果的应用可以逐步推进预算编制的规范性。

预算绩效管理的最后一个内容便是绩效评价结果反馈应用管理，其加强了对预算执行结果的管理。从绩效评价内容来看，包括评价准备阶段、组织实施阶段和评价结果的管理阶段等内容，说明它是一个动态连续的过程；从预算绩效的层面来看，预算绩效的核心特征是有效连接绩效信息与预算决策，高效运用绩效评价结果，最终形成一个密闭的、涵盖资金支出的全过程的预算绩效管理约束环，如"预算分配—使用—使用结果评价—下一年度预算分配"，使预算绩效管理贯穿整个资金领域和分配领域；从资金支出绩效评价自身来看，判断评价工作能否取得成效的主要依据是资金支出绩效评价结果的运用，同时也是促使这项工作持续、深入发展的基本前提。绩效评价还是优化企业经营支出结构、合理配置资源、提高资金使用效益的重要手段。

以上论述表明，预算绩效管理体系是一个较为复杂的系统，要建立全过程的企业预算绩效管理体系，需要实现绩效管理和预算管理的统一。

（五）预算绩效管理的原则

企业在建立预算绩效管理指标体系时，要从目标与绩效两个方面着手，分别建立目标评价指标体系与绩效评价指标体系，要保证绩效评价指标体系能够为目标评价指标体系提供所需的服务。

具体原则包括：以国家所制定的各项政策为基础，对预算绩效管理指标体系的设计依据做出准确把握，将各部门预算情况、考核水平、未来发展规划有机结合到一起，实现多项战略的协调统一；结合企业各部门职能职责，以各部门职责履行情况为依据，立足于社会经济发展潮流，正确把握企业内部结构的发展方向，积极做好企业的短期发展规划以及中长期发展规划；坚持以问题为导向，对发展过程中所存在的问题进行分析，通过反复的实践与探索，不断对企业内部结构进行优化与整合，细化企业预算绩效指标，提升预算绩效指标的量化程度，增强预算绩效指标的可衡量性以及与企业活动之间的匹配程度；预算绩效管理工作具有较强的系统性，需要保证预算绩效管理指标体系具有较强的可操作性与简明性，为后期监督、执行提供可靠的理论依据。

（六）预算绩效管理的方法

预算绩效管理工作主要运用制度手段对企业绩效活动中的各种行为进行约束，使企业预算绩效管理工作能够朝着规范化、合理化、科学化的方向发展。首先，企业需要做好预算绩效管理制度体系的建立工作，将绩效理念渗透到预算管理的整个实施过程，创建事前绩效目标，实施事中绩效监控，开展事后绩效评价，将整个绩效管理活动进行首尾相连，构建一个完整、系统的预算绩效管理体系。以绩效管理体系为依托，确保预算绩效管理运作活动具有循环性与持续性，在潜移默化中形成一套具有科学性、量化性的绩效目标指标体系，从预算编制、预算执行、预算监督、预算评价四个方面着手构建"四位一体"预算绩效管理制度，将企业财务部门作为监管主体，将绩效结果作为企业管理导向，将制度建设作为预算绩效管理保证，不断提升企业在预算绩效管理方面的能力与水平。其次，企业需要做好绩效指标体系的建设工作，以企业各部门运行特点为依据，按照特定的分类标准，对企业资金支出项目进行科学分类，构建一个完整、系统的指标评价体系，确保企业资金支出活动具有较强的有效性、经济性与合理性，使企业能够形成一个良性的资金周转周期，为企业的可持续发展奠定基础。最后，企业需要做好绩效评价结构应用制度的完善工作，从绩效数据管理制度、绩效评价结果通报制度、预算安排挂钩制度三个方面着手，做好绩效评价数据信息的录入与输出，增强企业资金使用活动的公开性与透明性，为企业管理者开展各项决策活动提供可靠的理论依据。

（七）预算绩效管理的结果

企业应建立健全预算考核制度，并将预算考核结果纳入绩效考核体系，切实做到有奖有罚、奖惩分明。企业预算绩效管理需要企业从各部门、各项目、重大活动等方面展开，实施定性评价与定量评价相结合的方法，用定性评价结果与定量评价结果对部门预算、项目预算、重大活动预算进行综合反映，实现评价结果的有效应用。首先，企业需要落实各项管理制度在预算绩效管理中的执行情况，以管理制度为工作的指导方向，对企业各项管理活动进行科学跟踪监控；其次，企业需要从各部门管理活动入手，对各部门职能的实施情况考核评价；最后，企业需要以预算管理工作执行情况、职能实施情况为依据，对各部门、各项目预算支出做出科学合理的安排。

第二节 预算绩效管理研究现状

一、西方预算绩效管理研究现状

20世纪初，美国率先开始探索预算绩效。美国、英国等西方发达国家经过长达半个多世纪的实践探索后，在探索实践的基础上，进行了总结和探讨，开始从理论和概念的高度上研究预算绩效的有关问题（部分出于政府层面），并对此做出了基本的回答和解释。经过近百年的实践探索，以及与之相关理论的嬗变，预算绩效管理的理论日臻成熟和完善，相关的实践经验成果丰硕，非常值得我们学习和研究。

在早期，预算绩效管理主要被认为是衡量预算、核定预算的一种工具与方法。

科思伦（Cothran）认为，控制预算的支出与实现利润的分享是预算绩效管理的特点，传统的预算方法是以由下往上的方式进行编制，而这种预算绩效制度采用由上至下的方式，在这种预算背景下，财政预算拥有一定的上限，但是各级政府、部门拥有一定额度内的预算支配权，可以自行选择最佳的资金分配和使用方案。

美国管理和预算办公室（OMB）认为预算绩效是部门通过制定财政预算的计划，确定一种或是多种可量化的指标体系等，最后达到预算计划所确定的要求，从而争取更多资金和资源。

米克塞尔（Mikesell）在权威部门提出的概念基础上，进行了进一步的思考，提出了"新预算绩效"的概念。他认为，这是一种新的预算机制，在这种机制作用下，通过合理有效的利用预算绩效的信息，从而密切和加强了财政资金使用及其产出之间的联系，进而能够达到提升财政资金资源的配置效率和使用水平的目的。在后期，预算绩效管理更多与时代背景所契合，运用了一定技术与流程，预算绩效管理内涵得到了进一步升华。

欧里希特（EurichT）指出，契合时代背景的预算绩效管理是依据各领域、行业的个性属性来明确绩效管理中的投入与产出指标，同时，逐步探索形成预算绩效管理的专业化流程系统。

提萨·克瑞斯汀（Teresa Curristine）等多位学者，从政治、技术、文化等不同的角度，系统化分析了实施预算绩效管理所面临的制度性难题，提出了推进绩效改革的具体举措。

李（Lee）则指出在预算绩效管理不断发展的过程中，绩效指标选取的范围也逐步扩大，指标的选取通常注重数量的多少，而不是指标的质量是否到位，这会导致预算绩效管理的结果有效性不强。

盖吉娜（Gheghina）认为，预算绩效管理的出现是为了辅助企业审计的系列工作。

国外在实施了较长时期的预算绩效管理后，均对预算绩效管理产生的正面影响表示了积极的肯定。

杰妮特·凯丽（Janet M.Kelly）和威廉姆·利文巴尔（William C.Rivenbar）提出，预算绩效管理就是为了能够实现财政预算与公共服务的有机结合，提升财政预算的匹配度与执行度，推动综合国力稳步提升。

还有学者研究发现，良好的绩效问责机制能够对社会公共服务的有效性起到约束与激励作用。

施迈罗德（Schmidle）也表明在预算绩效管理实施后，各级政府均对财政预算支出的效益性更加重视。格里什（Gerish）也证实了以上观点，他通过meta（元）模型测算了预算绩效管理对企业提供公共服务的影响程度，结果表明预算绩效管理对于提升公共服务质量有着突出作用。

二、国内预算绩效管理研究现状

（一）我国企业实施预算绩效管理的必要性研究

现如今，全球经济发生了根本性变化，公众的价值观念和需求逐步多样化，为了提高企业的管控水平，加强企业市场竞争力，同时实现企业管理者对财务进行实质上的把控。陈捷认为，预算绩效管理是提高经济活动支出效率的重要途径，有利于资金总额控制、提高资金支出的分配效率和运作效率；马蔡琛指出预算绩效管理符合深化预算改革的现实需要，是构建企业资金框架的基础平台，体现创建高效企业的时代要求。在构建企业预算绩效管理体系过程中，如何定位准确、摆脱传统预算管理模式的制约，扫除制度变迁中的障碍，值得企业探讨和研究。

（二）我国关于预算绩效管理理论的探讨

国内学者陈穗红较早引入了预算绩效管理理论，之后蓝志勇将这个概念予以拓展和延伸；马骏对预算绩效管理做了系统的归纳，提出预算绩效管理的三个基本特征；贾康、白景明进一步指出，预算管理改革的方向是以支出的绩效评价为基础，预算绩效管理包含了预算理念和预算过程的变化，要求在编制预算时以绩效为依据，构建科学的预算体系，把资金预算和预期达到的使用效果联系起来，突破传统的单纯分配资金的预算管理方式，合理分配预算。伴随着预算绩效管理改革的不断深化，国内和国外相关理论的思想碰撞和实践的探索，促使预算绩效管理理论不断创新和改进。

第三节 中国企业全面预算管理的发展

中国预算思想的雏形在古代《孙子兵法》中就已形成，而正式的预算制度始于晚清。如《日本变政考》和《宪法重大信条十九条》都涉及国家预算问题，意味着中国的国家预算已经萌芽。南京国民政府时期，预算制度继续缓慢发展。1932年9月24日，国民政府在经过较长时间准备后颁布了中国历史上的第一部预算法。

中国企业全面预算在1956年国家实施第一个五年计划时才产生，但与杜邦或通用相近意义上的企业全面预算，到20世纪90年代才出现。

一、企业全面预算管理探索期（新中国成立后至改革开放前）

1949年新中国成立后，从1953年到1978年是中国计划经济时期。该期间内，中国企业管理基本上学习苏联的做法，国有企业根据上级主管部门下达的计划指标组织经营活动，首先由计划科编制生产计划，财务科编制财务计划，然后由相应的业务科室编制原材料供应、机械设备维修、劳动工资、技术组织措施等计划，最后由计划科综合平衡，形成"生产技术财务综合计划"。

二、企业全面预算管理推广期（改革开放后至20世纪末）

改革开放以后，中国企业开始广泛推广预算管理，一方面是总结推广自己的预算管理经验，开始推行内部银行、责任会计制度及经济责任制、全面质量管理、市场预测、目标管理等多种企业管理方法；另一方面，引进西方先进的企业管理理念。20世纪80年代初期开始，中国全方位引进、应用西方的管理会计，快速推动了我国企业预算管理的发展。

1990年底上海证券交易所开业和1994年7月《中华人民共和国公司法》（简称《公司法》）的实施，标志着中国企业形式由工厂制为主导转变为由公司制为主导。从此，中国企业开始积极实践预算管理模式。例如，山东华乐实业集团、新兴铸管集团、潍坊亚星集团、宝钢集团、青岛啤酒股份有限公司等都开始进行企业全面预算管理的实践。

三、企业全面预算管理发展期（2000年至今）

2000年9月，国家经贸委（已撤销）发布的《国有大中型企业建立现代企业制度和加强管理的基本规范（试行）》明确提出企业应建立全面预算管理制度。2001年4月，财政部发布的《企业国有资本与财务管理暂行办法》要求企业应当实行财务预算管理制度。2002年4月，财政部发布的《关于企业实行财务预算管理的指导意见》进一步提出了企业应实行包括财务预算在内的全面预算管理。2007年5月，为加强对国有资产监督管理委员会（以下简称为国资委）履行出资人职责的财务监督，规范企业财务预算管理，国资委发布了《中央企业财务预算管理暂行办法》。2008年5月，财政部、证监会、审计署、银监会、保监会联合制定的《企业内部控制基本规范》中第三十三条"要求企业实施全面预算管理制度，明确各责任单位在预算管理中的职责权限，规范预算的编制、审定、下达和执行程序，强化预算约束"。2009年4月，财政部发布了《财政部关于当前应对金融危机加强企业财务管理的若干意见》，在第六条中特别提出"进一步优化业务和管理流程，推行全面预算管理，强化各项预算定额和费用标准的约束力"。2010年5月，财政部会同证监会、审计署、银监会、保监会制定了《企业内部控制应用指引》，共18项应用指引，其中，包括《企业内部控制应用指引第15号——全面预算》。2011年11月，国资委发布了《关于进一步深化中央企业全面预算管理工作的通知》，要求加强投资企业的预算控制，严格控制亏损或低效投资；加强现金流量预算管理，加快资金周转；加强债务规模与结构的预算管理，严格控制债务规模过快增长。可见，2000年以后，我国在全面预算管理制度建设方面取得了巨大进步。

第四节　预算绩效管理的重要意义

一、提供经营决策支持

预算绩效管理体系的构建与应用为企业的经营决策提供理论性支持，提高资源的高效配置，实现企业的经营战略。预算决策作为预算绩效管理最主要的方面，是企业对资源配置选择的结果。预算绩效管理从产品供给范围和资金使用方向入手，加强对资金的分配和使用效果，对支出范围有一个合理的保障，进一步规范

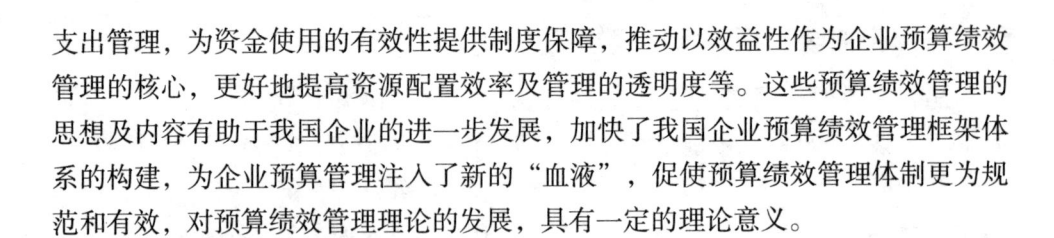

支出管理，为资金使用的有效性提供制度保障，推动以效益性作为企业预算绩效管理的核心，更好地提高资源配置效率及管理的透明度等。这些预算绩效管理的思想及内容有助于我国企业的进一步发展，加快了我国企业预算绩效管理框架体系的构建，为企业预算管理注入了新的"血液"，促使预算绩效管理体制更为规范和有效，对预算绩效管理理论的发展，具有一定的理论意义。

二、提高企业管理水平

近些年，企业中存在的一些内生机制性问题仍没有得到彻底的解决，特别是企业资金效益性问题，亟须通过完善管理模式、健全管理机制、提升管理水平、强化管理手段来进一步强化企业预算绩效管理制度，提高资金使用效率。预算绩效管理是提高企业管理水平的重要保障，拓展了预算和绩效的概念，有助于"理性"预算，按照细化和量化的绩效目标分配预算，以客观科学的指标体系评价预算，以公正的绩效结果优化资源配置，有效实现从"重分配、重支出"向"重管理、重绩效"转变，提高预算资金有效性，增强预算决策的科学性，进一步提高企业精细化管理水平。预算绩效代表了深化预算管理改革的方向，通过推进预算绩效管理，能够有效解决上述问题，进一步完善企业预算绩效管理制度，为下一步预算管理改革赋予鲜明的时代特点和明确的内容，具有一定实践意义。

对财政类资金企业实施预算绩效管理，丰富和拓展了预算管理的内容和范围，落实了全面预算管理的要求。了解和熟悉企业预算绩效管理体系有助于提高企业申报成功率，实现企业争取财政资金最大化。预算决策作为预算绩效管理的主要方面，决策基础是企业申报的项目质量和绩效。预算决策要从申报企业的使用范围和方向着手，注重对财政资金的分配和资金的使用绩效关注，对使用范围和方向有一定的约束，有助于提升财政资金使用的经济效益和社会效益，优化财政资金配置。推动企业对财政类资金实施预算绩效管理，将资金使用绩效作为管理核心，有利于提升财政资金管理水平和资金使用效益，有利于激发企业员工的工作积极性。企业实施预算绩效管理，有助于培养企业预算绩效管理意识，从实际行动上重视企业储备、预算编制、绩效目标设定、绩效评价和绩效评价结果运用等。

预算绩效管理的实施，创新完善了一些制度和管理办法，提升了企业在申报财政类资金项目的科学性、合理性，完善了企业使用财政类资金的管理制度，提高了企业管理财政类资金的水平。预算绩效管理的理念融入企业财政类资金项目中后，对其自由资金的管理也会起到积极作用，有助于企业在安排和使用资金上更加理性，提升企业自由资金的经济效益。企业加强资金的预算绩效管理，有助于提升企业决策的科学性及企业自由资金的经济效益和社会效益。预算绩效管理代表着企业财政资金管理的方向，推进预算绩效管理，能有效解决财政资金使用低效、无效等突出问题，同时也完善了企业财政类资金项目的管理，具有一定现实意义。

三、提高企业核心竞争力

企业内部预算考核管理制度作为企业全面预算管理的重要基石，不仅能够提高企业内部的凝聚力，也能够在控制企业财务成本的同时提高企业的经济效益。因此，有效地把企业预算管理与企业预算绩效考核制度结合起来，不断促进企业发展，提高企业的核心竞争力，是企业管理工作的重点内容之一。第一，明确预算绩效考核制度指标是依赖于企业预算结果，因此，要根据预算结果，制定预算考核制度的具体实施细则，不能高于财务预算，不然无法落实预算考核制度，无法完成公司制定的目标。第二，预算绩效考核制度的规则必须要科学合理，把考核细分化，哪些项目需要纳入绩效考核当中，绩效考核重点在什么地方，必须详细说明，把不同部门不同考核规则分解到各部门，然后按照预算管理制度具体实施。

四、提高企业的经营管理效率

在企业落实全面预算管理的过程中，预算绩效管理是其中的重要内容，实施预算绩效管理有利于提高企业生产经营水平，控制行政成本，提升经营管理效率。在国家深入推进财税体制改革的背景下，企业的预算管理备受重视，一些企业由于受传统管理理念影响，在预算绩效管理实施中仍存在一些问题，这就需要管理人员结合企业预算绩效管理现状，认真分析问题成因，构建更科学、完善的预算绩效管理体系，以此促进企业各项事务高效运行。

预算绩效管理关系到企业的健康发展，在企业资金管理中必须严格规范，这样才能保证资金支出公平合理，避免资金使用过程中出现不规范问题。除基础的预算管理外，近年来，预算绩效管理作为新型管理工具被引入企业管理体系内，将传统预算管理和绩效管理有机融合，从而提高预算管理的实际能效，提高企业的综合收益价值。

预算绩效管理以绩效评价为核心，旨在实现各项资源的有效配置，提高经营及管理的经济效益和社会效益。企业实施预算绩效管理，能够改变以往管理过程中忽视"投入及产出比"的弊端，在预算管理中增强绩效意识，关注预算成本及产出价值，明确绩效目标，并对目标实施进行动态跟踪，对实际绩效进行客观评价，从而完善企业的预算编制，提高资金的使用效率，突出其经济性和效益性，以结果为导向优化企业的预算管理体系。通过预算绩效管理，能够体现出"预算为先"的工作理念，重视预算执行效率，提高各部门预算意识、成本意识和效益责任，切实提高企业的管理及经营效率。

预算绩效以支出绩效为主导，结合具体工作明确成本核算流程，最大限度地降低成本支出，保证成本核算科学合理，通过预算绩效管理，切实优化财务管理流程。随着市场环境的不断变化，传统的财务管理模式已经不能满足管理创新的需求，这就需要引入科学的预算绩效管理机制，对各项支出进行科学预算，提高预算数据的精准性，对于预算绩效和实际绩效的差异，从而不断补齐短板，构建更科学的预算管理模式，为企业提质增效奠定坚实基础。

五、实现企业发展战略目标

预算目标体系和绩效评价体系均以企业发展战略为导向，形成循环体系，将企业的总体战略、经营战略、职能战略通过预算目标体系的设计整合起来。预算目标多维度分解至各层级，最终落实到人头，使每一位员工明确自身工作目标和行为导向，增强使命感，促进形成积极向上的企业文化氛围。通过预算执行过程中的监督、分析和绩效评价，发现、分析、协调、解决问题，有序安排企业的投资活动、融资活动、经营活动，兼顾长短期目标、整体和局部利益，促进企业实现发展战略。

六、增强企业资金监管

资金是企业的生命线。通过资金预算，可清晰了解未来一段时间企业资金流入、流出情况，根据资金的余缺预测，提前规划资金的投资和融通安排。通过滚动预算，可实现动态管理企业运营，强化对资金收支平衡的把控。通过项目预算，可对跨年度、重大项目的投资建设期、运营期资金状况做精细化的测算。

强化企业各个阶段的资金管理。通过零基预算，摒弃以往惯性思维，重新审视每一笔资金支出的必要性和适当性，成为企业降费增效的抓手。对预算执行的监督和绩效评价，可以鞭策业务部门加大回款力度，促进采购部门和生产部门降低成本和费用，激励投资部门提高投资效率和效果。

资金是任何企业赖以生存与发展的"血液"，没有正常运转的资金，企业将很难继续发展下去，再加上，任何企业的资金及资源都是有限的，因此需要加强资产管理，提高资金及资源的利用率。而科学完善的预算绩效管理机制和体系，在一定程度就是在帮助管理层进一步了解企业各方面的业务活动和经营活动，并从中发现问题，解决问题，以此对资金及资源进行优化配置，对工作流程和业务流程进行规范，实现资金利用的最大化，增强企业的生存发展能力。

七、增强企业预算管理与执行的刚性

企业增加预算管理与绩效考核之间的黏性，能帮助相关人员及时发现预算管理过程中的漏洞与不足。设置合理有效的绩效指标和标准，找出问题背后的原因，并将其作为评价各责任中心和职能部门的工作业绩的重要参考依据，再配置相应公正、透明的激励制度，促使绩效考核与管理目标一致，旨在为企业经济活动提供重要的参考依据，从而提升企业预算管理的价值和效能。

绩效考核参与企业预算管理全过程，能最大限度促进预算管理工作的全面落实，特别是预算执行环节。预算执行作为企业预算管理主要内容，其刚性程度影响预算方案落实情况，刚性不足则造成预算编制与执行"两张皮"，预算控制过强，则影响预算执行人员正常发挥。当前，大多数企业预算资金使用不规范，追其缘由是预算执行刚性不足，资金随意使用性较大，从而影响业务正常开展，而企业推行预算管理与绩效考核有机融合，在一定程度上增强了预算执行的刚性，最终确保企业业务活动正常开展。

八、激励企业员工的工作积极性

企业的核心资源是人力资源，激发企业员工的内生动力积极工作、勇于创新是企业经营管理的核心。将企业绩效评价体系融入全面预算管理中，预算目标体系与绩效评价体系高度关联化，向员工传递企业价值观和发展战略，有利于员工开展工作，促进团队协作。与绩效评价结果配套的激励机制，可以促进团队勇于拼搏，提高员工工作积极性。

第二章　预算绩效管理的基本理论与方法

预算绩效管理是财务预算管理一种极其重要的模式和方法，是推动实现财务管理现代化、集约化的内在要求，也是企业推进财务管理改革的主攻方向和重要内容。预算绩效管理能够优化配置和合理运用资金和资源，提高资金资源使用效率。企业要真正把预算绩效管理落实到实际工作的每一个环节和每一个过程当中去，以及落实到财务预算管理的全链条、全过程当中去，全面实施企业预算绩效管理。本章分为预算绩效管理的基本理论、预算绩效管理方法两个部分。主要内容包括：预算、预算管理理论、预算绩效管理理论等。

第一节　预算绩效管理的基本理论

一、预算

（一）预算的定义

预算是一种财务计划。在长期的战略计划框架中，通常用预算的形式来为一个短期计划提供短期目标，而一个长期计划中通常有多个短期计划与目标。预算是事先进行的一种计划，涵盖了企业大部分经济活动，是一种企业将战略目标具体化，来为企业整体目标服务的方法。

（二）预算过程

1. 预算编制

预算编制是全面预算管理的首要环节，包括但不限于考虑长期财务目标、短期财务目标、公司在市场上的地位、每个部门如何支持战略计划。科学的预算编制将会带来良好的全面预算管理效果，预算最终执行效果、预算管理有效性、预算考评的可参考性、预算管理是否起到应有的激励及约束作用都与预算编制息息相关，可见，预算编制在整个管理流程中非常重要。

一般来说，预算编制必须符合企业实际情况，过于理想化但与企业实际不相符的编制是不可取的。预算编制有两个主要类别：财务预算和运营预算。财务预算计划资产和负债的使用，并产生预计的资产负债表。运营预算有助于计划未来的收入和支出，并产生预计的损益表。另外，还有生产预算编制，一般分解为物料、人工和间接费用预算，这些预算编制使用需要购买的原材料的标准数量和标准价格，标准直接人工费率和需要计划的标准直接人工工时，以及所有其他直接和间接运营费用的标准费用。

2. 预算执行及控制

完成预算编制后不能直接交由责任中心执行，为了确保预算计划有效执行并最终实现预算目标，需要进一步对预算目标进行逐级分解，最终形成多个小的预算目标任务，然后进一步将小的预算目标分配给相关责任中心。企业的成本中心将会对企业整体的预算成本目标进行控制；投资中心则按照企业的预算投资目标展开工作；而利润中心根据实际的利润与既定的利润目标进行比较，并提出合适的调整计划。

3. 预算考评

预算考评是对预算的执行及控制进行评估的环节，主要目标在于对全面预算管理的效果进行考评。预算考评是基于既定的预算管理目标，对企业整体、部门、个人的既定预算目标完成情况进行考评。在确定了预算目标的情况下，对预算管理进行考评实际起到了督促预算管理过程中的部门及个人认真落实预算任务及目标的作用，同时也为企业激励部门及个人提供了可参考的依据，有利于公司上下了解企业本阶段的经营管理现状及其与既定预算管理目标之间的差距，从而为改善现状有针对性地做出调整。预算考评包括考评及奖惩两大范畴的内容，可以说预算考评是以考评为手段，监督个人落实预算任务，同时起到促进企业内部沟通、加强控制与激励的作用，引导个人为实现企业整体预算目标做出努力。

（三）预算管理

预算管理是利用预算手段来有效管控企业各经营环节、合理配置企业各项资源的一系列活动。

现代预算管理制度最早可追溯到12世纪英国大宪章运动。预算管理在当时的历史条件下，其发挥的主要职能是防止英国皇室的无节制征税，限制权力泛滥，杜绝贪污腐败行为。1921年美国通过了关于预算与会计的相关法律，法律的出台不仅标志着美国预算管理制度现代化的开端，也体现着美国政府期望通过预算管理与改革有效控制政府的收入与支出。到了自由市场经济时期，在政府调节经济功能的基础上预算理论逐步发展与完善，渐进预算理论逐渐进入大家的视野，提出人类要想达到全面且理性的预算管理实际上在现实政治与社会中是难以实现的。

后来鲁尔和哈特曼（Ruhl & Hartman）又在这个基础上提出了针对企业预算管理的"零基预算"法。尼古拉（Nicolae）等学者提出结果预算理念，它将预算的关注点放在资金的使用结果上，"结果预算"不仅仅是一系列收支项目的无序堆积，它期望通过不调整达到收入支出的平衡。结果预算不仅注重业务的经济预期，还关注过程中民众满意度、对社会的影响等，综合考虑评价结果并提出相对应的调整方案。结果预算相比较来说是一种更为细化、相对民主的预算思维和机制。郑德在关于医院财政预算的研究中，提出预算是对未来财政收入支出情况的科学合理预测，并指导具体实施。也有学者认为企业预算是一种衡量企业资源分配是否科学、行政管理是否合理、资金使用是否高效的工具。

宁旭初撰写的《国内外中期财政规划实践的启示》与王淑杰的《美国地方政府中期预算改革的经验和镜鉴》观点相似。他们都认为，预算编制并不只是企业开展的前期工作，预算编制应该贯穿企业发展的始终，关注中期预算与后期考核亦是十分必要的。这样的全过程预算旨在及时解决预算没有考虑到，但在企业具体实施过程中出现的问题。预算管理流程方面，在国外研究的基础上，我国有了一系列改革。首先，要保证有专门的部门进行预算管理工作，做到权责分明，权责统一。其次，通过制定相关法律法规，做到有法可依。在预算法的规定下建立科学的预算编制、调整、执行流程。最后，制定考核标准，做到求必欲得，禁必欲止，令必欲行。郑晓玲分析西方国家以及美国的得克萨斯州企业的预算管理工作，总结出良好管理必须有强有力的约束。从颁布法律到制定编制规范，没有规矩不成方圆，预算管理在约束下才能更好地发挥作用。徐琼以中国乡镇企业为例，提出改进预算管理具体方案，如规范企业收支业务，对于一年内无法完成的业务建立跨年度核算制度。

在预算管理的基础上，我国学者展开了对企业预算绩效管理的相关研究。刑天添创新性地提出预算绩效管理新思路，从公共管理的角度开拓新视野。李雯睿从国际视角,指出公共管理与预算绩效之间是互联互通、相辅相成的。童伟、黄如兰分析我国在全面实行预算绩效管理改革过程中出现的一系列问题,并在实践中寻找改进路径,如健全预算绩效评价指标,重视绩效评价结果。

(四)预算目标

1. 预算目标的维度划分

(1)目标清晰度

预算目标清晰度表明了对预算指定达成结果表述的明确程度,同时也是预算目标在各部门间沟通协作的表达程度。

首先,清晰的预算目标为决策提供所需信息资源,减少了任务失败的可能性,降低了承担责任行为的风险。

其次,清晰的预算目标使得执行者能迅速理解上级指令包含的期望、要求与工作意图,使其充分明确工作目标和规范要求,有助于促进个人提升工作目标清晰度。

最后,清晰的预算目标对委托代理双方知识经验共享具有积极作用,能促进执行者准确判断理解目标表达的战略愿景,有效减少执行者行为偏差,激发其工作动力,进一步提升执行者对组织的责任感。相反,预算目标模糊会导致执行者失去行动方向,引发工作压力与懈怠,降低工作期望与责任感。目标管理理论表明,目标设定的明确程度对个体行为动机具有正向影响,通过加强个体对自我行为结果的认知从而减少盲目行为,进而提高自我控制水平。

从预算管理视角出发,目标设定越明确,执行者越清楚怎么做、达到何种努力程度,以及认识执行者自身能力与绩效水平的差距,降低角色模糊和冲突发生的可能性。

(2)目标难度

预算目标难度反映了预算标准下任务完成的可能性,目标任务难度设置与执行者付出程度及其具备的专业技能和知识技能呈正向相关。部分学者研究表明,目标设置难易程度与绩效间存在"倒U形"关系,当目标设置超过个人承受能力范围,此时对于执行者来说过高的任务要求会导致其放弃追求目标;而容易实现的目标又不会引起主体的重视与兴趣,驱使主体失望与产生非效能感;另外刚性的预算强调会驱使主体制造预算"松弛",导致业绩下滑,进而使预算控制功能失调;只有当目标设置存在一定的挑战性,目标完成带来的满足感才更能激发主体维持努力。

2. 预算目标的影响因素

（1）组织结构特征

层级结构决定预算目标系统的特点，组织多层级性和层级责任多样性会导致预算目标的多元性和多重性，多维度和多角度的目标难免存在冲突，而预算目标制定的合理性决定其后续执行与业绩考核的效果。层级制组织结构下，企业高层结合市场环境和本年业务情况进行总量与指标规划。基于企业宏观发展与市场机会等因素制定的预算目标具有完全"刚性"，预算目标的分解与下发过程中，下属部门会根据往年实际情况进行预算编制和上报，上下往复的过程中各个利益主体在实现自身利益目标的前提下进行博弈，最后，对于上下级双方均满意的预算目标须做一定的妥协与折中。

（2）组织战略特征

预算目标设立将企业战略通过转化为具体的行动流程，实现企业战略愿景和运营活动的对接，促进战略达成共识与"合法化"，并对企业经营加以控制引导，此时预算目标的设定具有战略与系统性。而企业发展方针的差异也会导致预算战略的不同，预算目标最终确定要结合企业发展需求，如追逐利润最大化、较高报酬率、扩大市场份额与获得良好商誉等，此时预算目标的设定分解应当结合企业类型与自身能力持续改进。

（3）组织环境特征

预算目标设定是否科学合理，决定了预算管理体系的实施结果，受组织外部经营环境与内部资源差异化影响，预算目标设定与分解必须考虑内外部环境等因素。个人有限理性与企业目标之间存在矛盾，不确定性条件下受预算目标"初始值"的影响，决策者在没有充分认知资源的情况下对预算目标调整不足，容易诱发"锚定效应"。

（4）目标对象属性

目标管理实施效果一定程度上受到目标设置"偏好"的影响，定量属性的目标对象具有容易量化测度和考核控制的特点，如投入产出比等效率目标；定性属性的目标对象存在难以测度和考核等问题，如顾客满意度等效益指标，只能用主观描述的方式进行阐述或者采用"中间结果"替代"最终结果"，从而导致目标设置模糊化。

（5）目标制定方法

不同的制定方法使得预算目标呈现多元化特征，如运用层次分析法可以减少预算目标制定不合理而导致的扯皮现象，降低预算监督与沟通协调成本；而运用平衡计分卡进行预算目标制定与分解，通过上下层级结合与协调沟通，可以将目标与企业各执行部门业务工作相结合，具象化财务、业务流程等指标值。另外部分学者的研究表明，环境和个体差异导致预算目标制定方法的选择亦不同，当预算数据变动趋势具备规律或企业间存在联系时，适宜采用历史数据分析法；而目标较为复杂或决策者预测能力有限时，目标制定具有波动性，采用综合法制定的预算目标更具有前瞻性。

（五）预算管理模式

1. 以成本为中心的预算管理模式

伴随着市场经济及资本市场的深化发展，市场扩展及竞争加剧使得企业可用资源的质量和总量受到了挤压，生产成本提高导致的运营成本提高弱化了许多企业的综合竞争能力。为了保证企业产品在经营中仍然能够具有一定的优势，控制生产成本成为许多企业经营管理中的重点。以成本为中心的预算管理模式就是根据企业的生产活动及经营活动所需耗费的成本，以市场为导向，监控成本的形成及支出，形成成本目标，并基于该成本目标开展预算管理活动，落实企业的预算管理及控制制度。一般成本预算管理包括以下三个环节：确定成本目标值、根据经营事务分解成本、实施管理。落实成本预算管理可以更好地将企业经营生产与市场供需结合在一起，降低企业因市场供需失衡影响而产生的财务风险。

2. 以现金流为中心的预算管理模式

现金流具体反映了企业经营活动的资金收支情况，通过对企业每日资金的出入进行流水管理，从财务角度实现对企业经营收入、采购成本支出、税负支出、人力资源利用等资金流向进行监控。以现金流为中心的预算管理模式针对企业的固定资产、流动资产、权益资产、债权情况等实现分化管理，同时基于企业的战略目标、资产组成及资产复杂情况，指导企业做出科学的投资和生产决策。

3. 以经济效益为中心的预算管理模式

经济效益是衡量企业经营效率及盈利能力的重要标准，是企业生产经营的核心。实现经济效益最大化是大部分企业经营活动的准则，以经济效益为中心的预算管理模式则是以经济效益最大化为目标，为企业选择能够获得最优经济效益回报的投资经营道路，同时制定经营利润目标。以经济效益为中心的预算管理模式基于市场消费者的消费喜好、消费需求进行分析，同时结合企业内部的生产能力，实现生产成本预算、投资预算、销售预算以及获利预算，综合管理各部门需要花费的资金，然后编制预算计划，对未来一段经营时间内的资金及其他资源利用制订计划，同时制订可行的生产经营计划，借助执行性高的预算管理手段落实计划中的每个环节。

（六）预算管理作用

企业实施预算管理，可以提高内部管控水平、优化资源利用率、提升生产经营效率、改善企业市场经营情况，同时协调各部门之间的合作沟通。具体而言，预算管理的作用如下。

1. 全面评估企业业绩

预算确定内部运营的成本，是绩效评估的基础。预算能够反映企业在多变的外部环境下的具体经营情况，反映企业管理层因应对变化而做出的经营管理举措。同时，既定的预算目标同样可以视作企业的经营目标，通过设置可量化的指标，即可根据实际绩效情况及预设的目标进行比较，了解考核期内企业的预算管理情况，而企业管理层则可根据预算目标值与实际绩效考核结果的差别，确认预算管理结果是否符合预定目标，或突出显示发生的偏差以及产生偏差的原因，从而进一步调整并优化企业绩效考核体系及预算管理方案，平衡两者以更好激励并引导员工开展工作。

2. 有效控制经营风险

企业在运行过程中总会遇到一定的风险，无论是市场经营的风险抑或是银行融资风险，这些风险都是不可预测的，严重时将会造成资金链断裂，给企业正常经营带来巨大影响。而预算管理体系能够通过对投资过程及下一年度的经营事项进行风险的预算，预测未来投资经营可能存在的风险，并且针对风险的形成机制提前做出防范及预控，实现财务预算及资金精细化管理，有助于企业规避经营风险。除此以外，预算管理将费用、收入和实际效果与预算进行比较，以便在必要时可以对其进行审查并采取纠正措施。

3. 有效降低运营成本

预算管理包括对企业的财务、物力及人力资源的精细化控制管理，在确保完成经营活动任务的过程中，可以高效利用企业持有资源，控制企业经营中的成本输出，避免资源浪费，有效降低企业生产运营及其他市场活动中所需耗费的成本。

4. 加强企业部门之间协同与互动交流

在企业预算管理中，企业分支部门不仅要考虑本部门工作目标，而且还要考虑到与其他部门之间的协调联系，从而使得企业上下的目标一致。通过预算管理，企业各个分支部门可了解本部门在企业计划中需要负责的内容，同时加强与其他部门之间的业务沟通和合作交流，从而提高企业整体经营效率。

5. 明确企业整体战略目标

预算是出色的财务管理工具，指出了该时期的运营和财务目标。预算传达高层管理人员的期望，也就是高层管理人员对下一经营期的期望，同时也将管理层的优先事项传达给下层管理人员。在某些情况下，它可以赋予管理者处置某些资金的权力，但受到预算的限制。预算管理工作是基于企业确定的整体战略目标，反映企业在未来一段时间的经营目的，并为实现该目对企业资源进行科学、高效的配置。可以说，企业明确的整体战略目标是进行预算编制及一系列预算管理工作的基础。同时，预算将企业战略目标及经营绩效联系一起，契合企业战略目标部署工作。

6. 影响预算系统重构

预算管理是企业实现多层次、全方位及全体成员参与的管理制度。它对预算组织架构、执行部门及其职责范围都做了硬性规定，规范引导企业对经营管理各个环节的风险加强评估，推动企业自身的长足发展。

若要使预算管理在企业中充分发挥积极作用，企业需建立良好的预算管理组织架构，主要包括企业内部的各个职能部门、所属分（子）公司等，具体如图2-1所示。

图 2-1　全面预算管理组织架构

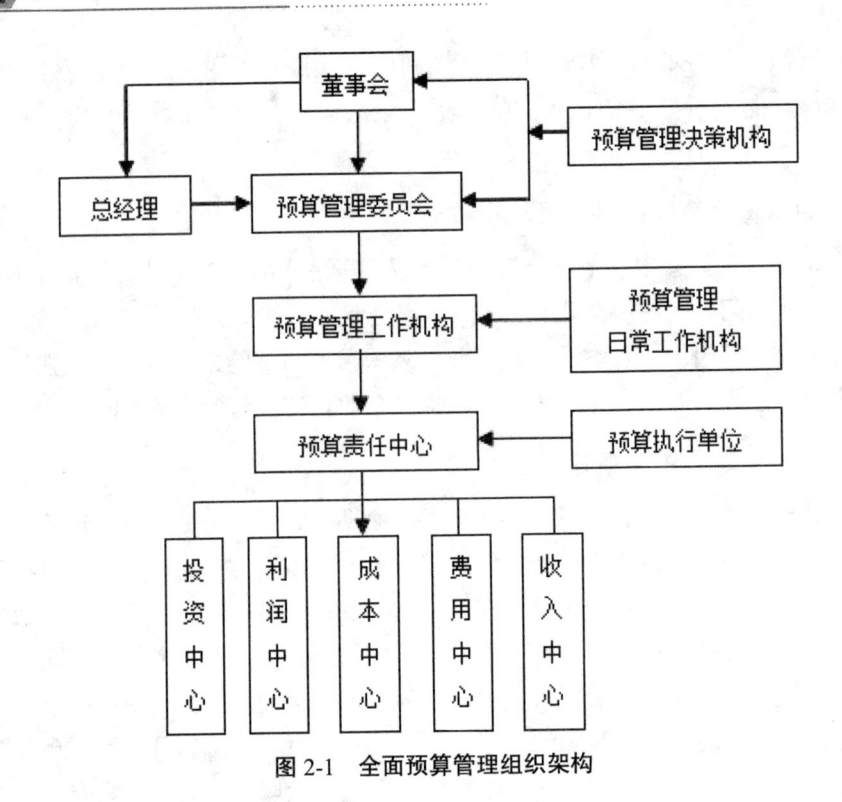

（七）预算的功能

美国著名预算专家阿伦·希克（Allen Shick）指出任何一种预算体制都会包含控制、管理和计划三种功能，在不同时期三种功能的侧重点并不相同。威兰（Willand）根据预算制度变革的新特点，进一步提出绩效功能。因此可以将预算的功能概括为：控制、管理、计划和绩效。由于不同的发展阶段或不同的政治经济体系，企业职能存在差异，预算管理须解决的问题重点有所不同，会一定程度上突出某一功能，进而形成不同的功能取向。不同的功能取向下，预算管理理念和预算编制方法等存在差异，因此从预算功能视角理解预算管理具有事半功倍的效果。

在预算发展的早期，预算的功能是控制取向的，立法机构希望通过预算来实现对政治家、官员等的控制，确保资金用于既定的方向，防止资金用于私人目的。因此该阶段的特征是重点关注投入的详细信息，通过建立各种细化支出类别强化对预算投入的控制。

20世纪30年代后，随着企业职能和活动范围的扩展，事无巨细地分项列支每一笔支出，并对其进行严格监控变得低效且繁杂。同时由于预算尚未细化至具体业务或活动，导致成本与收益、投入与产出不能一一对应，资金分配缺乏科学性和合理性。在此背景下，预算关注的重点从支出控制向重视管理转变，更加关注资金项目的成本和产出，强化了资源分配和项目审批环节的管理。

20世纪60年代，美国出现了计划项目预算模式，成功将战略规划、政策或绩效评价结果等纳入企业规划过程中，突出了预算的计划功能。虽然计划项目预算模式最终走向失败，但是其引入的跨年度视角契合了英、法等国编制社会和经济发展规划的需求，计划预算思想开始在各国生根发芽，并逐渐演变为中期支出框架。

20世纪80年代以来新公共管理运动席卷全球，企业治理的思维发生了深刻变革，预算不仅关注产出，而且关注最终绩效，强化了绩效信息等在预算决策过程中的应用。此后，英国（1982年）、澳大利亚（1983年）、新西兰（1989年）、美国（1993年）等先后启动了绩效预算改革，绩效预算思想席卷全球主要经济体。

纵观西方200多年的预算制度变革，主要经历从强调"控制职能"转变为"管理职能"，并进一步向"计划职能"和"绩效职能"迈进的四个阶段。在此需要强调的是预算制度变革是一个连贯的整体过程，是螺旋式上升的过程，任意国家任一时期的预算制度都包含着这四项职能，只不过在不同的发展阶段侧重点有所不同，在现实中很难对其进行区分。

预决算差异的管理作为预算管理结果的直观反映，在不同的预算功能取向下也会存在不同认知。在控制取向下，通过分项列支等方式详细罗列企业的投入信息和投入主体，建立各种控制机制。这一方面有利于在编制环节实现总额的控制，另一方面也为预算执行中的监督和控制提供了便利。此时，预决算差异被认为预算没有被严格执行，无法确保资金被高效用于公共目的，预算监督控制缺乏有效约束。因此控制取向下，对预决算差异的要求更为严格，无论是总量层面还是结构层面，预决算差异均应被限定在最低水平。随着预算取向更关注管理和绩效，对支出机构的预算控制得以逐步放松，只强调对支出总量的控制，给予支出机构更多的内部分配自主性。随着监督控制机制的完善，支出部门违规支出的机会成本增加，此时赋予支出部门更多自主权有利于提高支出效率。预决算差异的重要性让位于产出和绩效，对支出结构层面的预决算差异的容忍度有所提高，但总量层面的预决算差异仍是预算管理的重点。

（八）全面预算管理功能

全面预算管理功能主要可分为以下四个侧重点。

1. 计划功能

全面预算管理是基于预算的一种管理行为，因而计划也是其最重要的功能。通过对外部市场行情和自身经营状况的了解，可制定出科学、合理的预算目标，并通过预算编制使得预算系统能够完整展现企业预期要完成的目标。

2. 控制功能

编制预算是全面预算管理的开始，因而只有各预算编制部门对企业各项资源进行合理的长期和短期规划，控制各项资源的使用，企业才能实现预期的目标。在汇总各部门的预算编制时，编制是否恰当主要取决于资源的使用效率，资源使用效率不高的预算编制将会被驳回并且重新调整，反之则会获得更多资源。

3. 信息沟通功能

全面预算管理有利于企业不同部门之间、不同领导层与员工层之间的信息获取和交流，是全体员工获取和提供信息的信息管理平台。

4. 业绩评价功能

全面预算管理的预算编制过程中为各主体设置了一个参考标准，在此标准上，预算考评又设置了一套奖惩措施，奖励超标准完成目标的主体，惩罚未达到标准的主体，这一利益机制能够促进责任主体对资源的科学利用，为企业增加价值。

（九）企业不同生命周期的全面预算管理模式选择

处于不同生命周期的不同企业选用的全面预算管理模式也不尽相同。

1. 导入期

企业处于导入期时，业务量少甚至没有，投资是其主要经济活动，因而主要考核指标是投资回报率，与此同时，由于这一阶段需大量资金的注入与流通，现金流也是重点关注对象，所以应当选择以资本预算为中心的全面预算管理模式。

2. 发展期

随着企业的逐步发展，业务量持续增加，企业需要在市场上占有一席之地，形成资金回流，这样才能补充前期资金的流出。这一时期，销量能够影响企业的存亡，因而产品营销是战略重点，且此时为了扩大销量，应收未收的款项会急剧增加，给企业带来一定的经营风险。此时，应以销售预算为中心进行预算编制。

3. 成熟期

企业进入成熟期后，产品性价比已经获得消费者认可，这时需要关注企业的成本管理。企业的发展战略由增加销量转变为提高技术以获取更多利润。这一阶段企业拥有了一定的市场份额，销量较稳定，经营风险较小。但是企业也需要通过开发新产品、分析竞争对手策略、降低成本费用等手段来维持自身的市场地位。此时，应以成本预算为中心进行全面预算管理。

4. 衰退期

当企业进入衰退期，全面预算管理模式应以现金流为中心。在这个阶段，企业的产品销量在减少。此时企业为了尽量维持收支平衡，需要定期检查现金流，为了降低经营风险，不太适合再进行长期企业投资。

（十）全面预算管理作用

对于现在的市场环境来说，企业需要的资源是指企业在生产经营过程中需要使用的材料或者企业发生劳务内容所需要耗费的资源。企业会倾向于使用最少的资源去完成这一工作来得到相同的利益，从而保证企业在消耗最小的同时获得更多利益。在安达信的研究中心，他们把预算这一工具看作一个可以把企业所拥有的所有资源进行合理调配，保证企业生产经营和目标实现的一种科学方法。

全面预算管理正是将企业的经营战略，根据实施期间分解为年度、季度、月度目标，根据不同职能分配到各个部门，将企业的战略目标、战略执行、战略反馈与采购、生产、销售等各个模块衔接起来。

从本质上来说，全面预算管理其实就是企业在经营过程中，对企业资源和计划的一系列的数据进行评级，保证企业资源的最有效配置，当呈现的结果显示企业没有对资源进行最优配置时，制定针对性的政策，对生产经营的环节进行完善，从而保证企业的顺利发展和实现企业目标。在目前跨国制造企业领域深化发展和强化监管的环境下,全面预算管理制度是当代大型企业和集团不能缺少的管理方法,这一方法为企业的生产经营、内部协同、战略实施和实现经济增值等都有着不可小觑的作用,且这一方法为管理层提供了数据支持,管理层的决策制定有了数据依托,有利于企业提高自身的管理水平。其作用总的来说,可以概括为以下几点。

1. 将企业资源多维度链接与融合

实施全面预算管理首先要确立企业的战略目标,企业的这一目的就是在确立预算管理目标过程中把大的战略目标运用到企业的预算中,将公司的战略大目标细化到企业的各个部门,从而实现企业资源与各个部门的融合。

2. 实现资源最大化利用

对有限的资源进行最优化、最大化利用,是实施全面预算管理的重要内容。有意识地进行资源优化,可以提升企业的盈利能力和竞争能力,提升产品的生产效率等,以获取利益最大化。

3. 实现业财融合

全面预算管理一般由决策层提出目标,根据各个部门职能进行分解和协商。为了完成目标,各部门对本部门的业务进行研究,然后通过本部门任务的完成从而实现全面预算的完成。只有财务部门了解企业各业务的指标、模式和流程,才能在分析中发现问题。全面预算的目标就是衔接战略,连通业务,把预算具体到实际业务中去。

二、预算管理理论

(一)预算决策理论

预算决策过程不仅决定了预算资源的分配,而且决定了预算决策权的配置,预算决策也成为预算的核心问题。在管理学关于决策研究的过程中,赫伯特·西蒙首先引入"过程"观念,认为决策并不是即时完成的,应在相关决策信息的基础上综合考虑决策过程。尽管不同的决策过程其复杂程度各异,但是该理论整体上揭示了科学决策的过程,为全面认识预算决策过程提供了基本的思路。将决策的基本规律应用到预算领域有利于系统全面地认识预算决策过程。根据决策的基本过程,预算决策的主要要素包括预算参与者、价值与目标、决策信息和预算结构。学者们经过长期的广泛讨论，认为预算决策各因素相互作用形成了3个重要的预算决策理论，如表2-1所示。

表2-1 三种预算决策理论的比较

决策理论	价值与目标	决策信息	预算结构
理性预算理论	完全理性 更关注效率目标	成本效益分析 强调信息的及时性和准确性	"自上而下" 理性分析的决策过程
渐进预算理论	有限理性 得到大部分人支持的方案	增量政策分析 过去的实践和经验 新增的政策	"自下而上" 讨价还价的政治性决策
间断平衡理论	有限理性 决策者注意力、政策议程	注意力的变动 过去的实践和经验，以及决策者的注意力和政策议程的变动	"自上而下" 政策系统的变动

理性预算理论建立在理性人的假设之上，认为决策者通过边际效用相等来实现社会效用最大化。因此预算决策过程强调决策者会全面系统地权衡不同项目价值，并根据成本—效益分析做出最优预算方案，实现最优效率的资源配置。理性预算理论是从经济学视角对预算决策的分析，试图通过增强信息搜集和理性计算水平强化理性的预算分析，弱化政治过程的影响。但是以理性决策为目标的预算改革屡屡失败，这表明不能过于乐观地对待预算决策，应重视政治冲突对预算决策的影响。

渐进预算理论则建立在有限理性和多元政治的基础之上，认为预算决策者并不是完全理性地基于成本收益做出判断，决策过程是决策主体相互讨价还价、互相妥协的过程，预算申请和审核都是在上年基数上的边际调整。渐进预算决策一方面弱化了对信息搜集、分析和质量的要求，另一方面实现了政治冲突的最小化，保证了预算过程的稳定性。在渐进主义看来，尽管预算过程会伴随经济和社会需求变动，但是这种变动是渐进调整的结果，会受到诸多因素的限制，即具有一定的"黏性"。由于渐进预算理论对现实的解释有限，特别是难以解释预算的间断变化，琼斯和乔丹认为企业预算中渐变与突变同时存在，预算偶然会打破渐进调整状态，而发生间断变化。其中注意力和议程设置是预算存在突变的根本原因，当有限的注意力或者关注议题发生改变时预算结果可能随之发生改变，从而解释了政策变迁中的非线性特征。

预算决策理论的发展使得我们对预算决策过程的认识更加深入，对不同层级、不同预算科目支出变动具有重要意义。

预算决策过程对于理解和认识预决算差异提供了重要的思路。预算决策主体的有限理性已成为学界共识，因此在渐进预算理论下，资金的配置决策并不是对企业预算的全面衡量，而只是政治冲突下折中的预算方案，因此预算安排的灵活性会受到限制。边际调整导致支出结构变动的"黏性"，解释了预决算差异的持续存在和累积过程。因为在理性预算理论下，预算决策基于当期的成本和收益分析，预决算差异受到各种客观因素和不可抗力的影响应表现为预决算差异的随机性。同时，预决算差异也会存在结构性的突变，即预决算差异不仅具有一定持续性而且也会发生非线性变动，与间断平衡理论完全契合。政策优先权的调整不仅影响支出方向的变动，而且部分科目在资源紧张时容易被其他支出所挤占，均可能使得预决算差异发生突变。

（二）预算博弈理论

博弈论的应用从有记载历史，最早可以追溯到两千多年前春秋战国时期的田忌赛马。博弈论的全称是"非合作博弈理论"，从名称可以看出人与人之间的合作是充满着博弈与斗争的。

最早将博弈论引入经济学界的是匈牙利经济学家冯诺依曼，他于1944年与奥斯克摩根斯曼合著了《博弈论与经济行为学》，作为将博弈论引入经济学以及进一步到企业管理的一个开端。

预算管理是一个企业在既定目标下，多方参与，进行资源分配、计划、实施、控制的过程。从博弈论的角度讲，企业预算产生的过程就是一个多方在争夺企业有限资源，尽量实现自身利益最大化的一个过程。预算博弈往往会导致预算松弛，在预算的编制环节体现得最为明显，表现为公司股东会与董事会之间的博弈、董事会与公司管理层之间的博弈、总经理与企业各部门之间的博弈。基于经济学理性人的假设，各个层级的组织和个人会无时无刻地研究在既定规则下的"漏洞"，寻求如何实现自身的利益最大化。这是一个合理的行为。

但是对于一个企业来说，经营的目的是实现企业价值的最大化。现代企业治理结构的设置，体现的就是一个权力自上而下分配的过程。抽象来看，预算最终确定的方案，就是代表企业所有权的委托人——股东大会与代表经营权的代理人——董事会之间不断沟通博弈最终妥协达成的方案。公司预算目标的确认过程受制于决策层权力的大小，权力大的更倾向将资源倾向于自己一方。这种过程是不可避免的。因为企业的预算管理贯彻企业的方方面面，各项制度均是基于被管理者理性人假设的前提制定的，并且博弈的过程从来都是一个动态的过程，直至达到一种均衡，因此预算博弈理论的研究就在于寻求预算管理过程中各方参与者之间的均衡点。找到它之后，基于公司战略目标及经营目标的需求，提出改善意见，打破均衡，将均衡点引向更利于企业经营目标实现的位置。

（三）控制理论

在一切的管理活动中，控制都是保证管理活动主体的实际行动按照计划执行的最有力工具。要想对主体的实际行动进行控制，必要前提就是对活动进行计划，因此对于主体的行为来说，控制和计划两者是相互影响的。在企业中，控制的有效实施得益于企业的规章制度和监督机构。在预算管理的整个过程中，前期的预算管理中始终贯彻着控制理论，因为不管是企业的决策层要制定预算的目标还是预算的执行者要对预算进行落实，都是在理论知识的基础上进行的。企业的管理人员及其员工的总体和明细的预算指标保证了企业预算的顺利完成。

企业预算管理是企业对活动进行内部控制和规划的重要手段，是保证企业利用有限资源和节省开支的有效手段。企业内部的控制一般依赖于企业内部的文件和规章制度，而以控制理论作为基础的预算管理是企业进行内部控制时对企业活动进行量化的指标，也是内部控制的手段。

（四）激励理论

激励理论主要站在目标、动机、需求和行为这四个方面的关系进行研究，是针对其关系进行处理，达到最终目的的理论。在企业进行业绩的考核时，激励理论是不可或缺的理论基础和参考依据。激励理论认为企业经过一定的手段，在非短期内是可以以员工的努力工作为基础实现企业的经营目标的。企业在制定了短期目标后，首先要了解员工的个人需求，从员工的角度出发，实施可以满足员工需求的鼓励机制，在这个激励条件上，让员工充分地理解预算是如何发挥作用的，并设置合理的监督机制，让员工在工作过程中发挥主观能动性，从而实现制度的激励效果。这一理论的主要观点认为，把企业的预算执行和员工的绩效及需求结合，在一定程度上可以激发员工的主动性，让员工积极投入工作中，发挥自己的最大作用，从而提高企业的经济效益水平，推动企业目标的实现。

（五）行为管理理论

行为管理理论是 20 世纪 50 年代以来，由于规模化生产的逐渐发展，人们开始意识到，人的行为需要作为共同研究的课题之一。这一课题是行为科学的一部分，主要研究人际关系和领导行为，对不同环境下的组织机构的行为动机进行研究和阐述，因此行为管理理论也称作组织行为管理学。

这个学科是和很多学科都相辅相成，例如人类学、社会学、心理学和计算机科学等等。在20世纪60年代时逐渐被大众熟知，在企业的领域也开始应用。无论企业的机构组织复杂与否，内部的层级如何多重，都不能否定其是由人这个个体组成的这个事实，因此人的行为通过直接或者间接的关系影响着企业的运营。因此，对企业进行管理也就是对企业的员工进行管理，认清这个实质后，再对个体行为的动机进行研究就容易了许多。预算就是在这个研究基础上，用科学的方法和工具，在企业内部分配资源，创造环境，引导员工的行为按照企业的总体目标方向进行，即在符合企业战略目标的基本条件下，引导员工做出有利于企业发展的行为。

（六）权变理论

这一理论形成于20世纪70年代，权变理论的核心思想是在不断变化的环境中，企业的管理人员和整个管理层应该根据不断变化的环境，制定变动的管理制度和方法。也就是权变理论认为，没有一个管理方法是可以一成不变的适用于所有情况的。这一主张主要是强调了企业的管理活动应该和企业内外部环境的变化相适应，随着时间和环境的变化，适时调整管理方法和方式，对于不同的员工也应该使用不同的管理方法。

公司的组织结构必须符合权变理论的思想，同样的，对于企业的预算管理来说，也必须符合权变理论的思想。它最核心的地方就在于要解决企业制度和实际情况的匹配程度的问题。

首先，要对企业的信息进行分析，可以看出企业的组织结构也是不断变化而不是一成不变的。

其次，企业的经营模式也不是在一经确定后就一成不变了，需要在必要时间进行调整。只有制定了灵活的符合环境变化规律和实际情况的管理模式，才能让企业的经营水平得到更加有效的提升。

三、预算绩效管理理论

（一）委托代理理论

委托代理理论，探讨的是面对双方掌握的情况都不一致的情况下，委托人怎

第二章 预算绩效管理的基本理论与方法

么样实现效用的最大化和最优化的一种理论。在这种情况下,委托人为了激发代理人工作的积极性和努力程度,就会对他们双方之间的关系进行明晰,制定一个契约或者机制,从而提高代理人工作的效率和效果。20世纪30年代,伯利和米恩斯就对所有权与管理权分离进行了详细论述,重点探究了公司里的委托代理关系。这是关于委托代理理论最早的开端。到了20世纪70年代,这一理论被罗斯进一步扩展到了政府财政管理领域。他认为,在财政预算管理的领域,公民通过缴纳税费让渡了个人对财富的所有权,交给政府代为其进行管理和运用,进而由政府和公共部门为他们提供公共产品和公共服务。这样公众和政府部门之间,实际上就形成了公民是委托方、政府及其预算部门是受托方、代理人,这样一种委托代理的关系。到了现在,对委托代理关系的研究,已经不仅仅拘泥于传统的政府和企业领域,而是进一步拓展到了经济管理、社会事务管理的各个领域,其影响和作用也越来越深入。

委托代理理论的产生是基于市场环境下买卖方的信息不对称,如果当事人双方,其中代理人一方代表委托人的利益行使某些决策权,则代理关系就产生了。这一理论后来不仅仅运用在企业中,在一些经济学原理的推动下,委托代理理论在实践中形成了多样化的模型,涉及范围进一步扩展,发展至经济、文化、社会等各个领域。

20世纪30年代美国经济学家伯利和米恩斯洞悉了企业所有者兼具经营者的做法存在着巨大的弊端,提出了委托代理理论,倡导所有权和经营权分离,企业所有者保留剩余索取权,让渡企业经营权。它是以信息不对称条件下的委托代理关系作为研究对象,探讨委托人如何以最小的成本获取最大效用的理论。在委托代理关系中,委托人自身的财富最大化与代理人自身的效益最大化,导致两者必然发生利益冲突,委托人与代理人立场不同导致效用函数不同。

企业委托代理关系是建立在非对称信息博弈论的基础上的,因此委托人往往面临着逆向选择和道德风险两类风险,在履行委托代理责任时,代理人从其自身利益出发,很可能在代理过程中偏向于选择有损委托人的行为。面对大量信息不对称的情况,委托人一方面不可能观测到代理人的所有行为,另一方面需要承担昂贵的监督成本,不可能建立起完善的监督机制。

针对上述问题及要求,企业可以通过建立适当的激励机制来解决,以绩效为切入点,设计科学合理的激励方案,完善预算管理方式,强化预算绩效管理的有效性。预算绩效管理体系中,企业所有者针对经营者设定绩效目标,并对目标进行分解、执行和考核,以此解决委托人与代理人在经营管理上出现的法律、时间、空间和信息等方面的分离性，激励与约束各层代理人。通过预算绩效管理，可以反映和控制代理经济责任的具体履行过程，实现对支出管理情况的绩效评价，明确受托经济责任履行的最终结果，达到支出效益最大化。因此，从这个意义上来说，作为相关代理行为的一种监督机制，企业的预算绩效管理会尽可能降低委托代理所带来的负面作用。

（二）战略管理理论

彼得·德鲁克认为企业的目标就是战略，用以激励企业的经营活动，促使企业实现使命，衡量工作业绩标准。明茨伯格的管理控制金字塔，将企业目标划分为三个层次，即战略目标、战术目标和作业目标。战略目标指明企业发展方向，战术目标对企业的发展方向进一步做出解释和说明，作业目标则明确了具体行动指南。

预算绩效目标是根据战略目标制定的，战略目标体现了企业的长远规划，带有理想化、宏大等特点，为了使战略目标得以实现，需要借助预算绩效管理将其细分，化为若干个小目标，将企业资源合理地分配到每个小目标上，小目标的实现也就带来战略目标的实现。同时通过预算绩效管理，可以将战略目标细分到公司各个员工，由公司各员工承担相应的责任，加强企业战略目标与员工职业目标相联系，促进员工工作的积极性。战略目标往往与实际存在偏差，通过预算绩效管理体系，考察核心财务与非财务指标，可以及时了解存在的偏差，适时适当的调整企业战略目标。预算绩效管理是连接企业战略和经营活动的桥梁，明确企业发展方向，使企业战略得以彻底贯彻，有效衔接长短期预算，没有预算支撑的战略是不具操作性的战略。

（三）花钱矩阵理论

米尔顿·弗里德曼总结了花钱的四种方式，把它称之为"花钱矩阵"或者是"花钱的学问"，如图2-3所示。

花自己的钱办自己的事（既讲节约，又讲效果）	花自己的钱办别人的事（只讲节约，不讲效果）
花别人的钱办自己的事（只讲效果，不讲节约）	花别人的钱办别人的事（既不讲节约，又不讲效果）

图2-3 花钱矩阵

第一种，是最优的花钱方式，也就是用自己的钱，干自己的事。比如，自己买房子、买衣服，永远是物美价廉，花最少的钱，买自己最满意的物品或服务，这种花钱方式往往成本最小、效用最大。

第二种，是成本最省的花钱方式，也就是用自己的钱，干别人的事。"善财难舍"，这种花钱方式往往只注重节约成本，而对绩效的关注不够甚至是不关注。

第三种，是效用最大的花钱方式，也就是用别人的钱，干自己的事。类似于韩信点兵，多多益善。这时候往往只求效果好，而不去控制成本，比如公款送礼、公款宴请等权力寻租行为。

第四种，是用别人的钱，干别人的事。这时候往往是既不讲节约，又不讲效率。

（四）内部控制理论

20世纪50年代初，美国会计师协会对内部控制作了权威性定义：内部控制包括组织机构的设计和企业内部重新组合调整的方法和措施。这些方法和措施都用于保护企业的财产，检查会计信息的准确性，提高企业经营效率，坚定企业既定管理制度的执行。内部控制理念能够融入预算绩效管理中的前提是二者存在一定的共同点，即目标一致、执行贯穿全程、参与主体全员化。预算绩效管理以优化资源配置、节约成本为目的，企业预算绩效管理的执行效果很大程度上受内部控制运行状况的影响；绩效管理与内部控制都注重流程控制，集事前防范、事中控制和事后监督于一体。预算绩效管理和内部控制为确保执行效果，需要全员参与。内部控制规范根据企业整体战略规划和具体业务需求提出了相应的风险防范和管控措施，因此，内部控制的要求体现在预算绩效管理的各个环节。

（五）受托责任理论

受托责任关系是指财产的所有人委托专业人士对其财产进行经营和管理，两者之间的关系就是受托责任关系。虽然所有权人享有财产的各项权益，但是财产管理者实际占有、控制着财产，两者之间的信息不对称极大程度上会导致财产管理者肆意处分财产，导致所有权人的权益受损，因此，就需要独立第三方对财产管理者是否尽到妥善管理义务和及时汇报义务进行监督，审计应运而生。从这个角度来讲，确保受托经济责任的履行是审计活动开展的最终目的，受托责任关系则是审计活动产生的基础。

（六）公司治理理论

"公司治理"这一概念最早出现在经济学文献中的时间是20世纪80年代初期。尽管公司治理的概念诞生只有短短几十年时间，但公司治理已经成为现代企业理论的重要组成部分。公司治理问题的产生与现代经济社会的发展有着密切的联系。企业制度的演进，所有权和经营权的进一步分离，使得代理问题更为突出。20世纪90年代以来，在经济全球化的影响下，公司治理越来越受到世界各国的广泛关注和高度重视，科学合理的公司治理是保证现代企业有效运营的基础和条件，无论是发达国家还是发展中国家，都把完善公司治理看作改善投资环境、夯实经济基础的必要手段。

公司治理结构下多层委托代理关系大致可分为三个层次：第一个层次是公司法，它是从节约制度建设成本并保护投资者利益的角度出发，由国家对具有共性的行为规则制定的强制性合约，它从通行的法律上要求公司的权力机构（股东大会）、执行机构（董事会和经理层）、监督机构（监事会）分工明确且相互制约，是法律对规范公司运转的最低要求；第二个层次是公司章程，它是经过全体股东同意，制定的本公司组织与经营的基本规则，是企业经营运作的基本规范，具有"内部宪法"的作用；第三个层次则是各种具体的经营管理制度，如财务制度、预算管理制度等，是以公司法、公司章程为依据，具体落实股东大会、董事会、经营者、各部门的责、权、利关系。预算管理的全面性和综合性常使预算管理制度成为企业经营活动的总纲领。预算管理制度就是对预算从决策到编制、控制、反馈整个过程责、权、利的行为规范。

一般企业的预算管理制度主要规范两方面的内容。一是规范自股东大会、董事会到企业经营层、企业管理部门各个责任主体的预算决策内容，以及在行使职责过程中对应的责任、权利与利益，主要依据的就是公司法人治理结构。我国的《公司法》规定，在公司法人治理结构中，股东大会拥有最终控制权，董事会拥有实际控制权，经理拥有经营权，监事会拥有监督权。二是规范预算管理执行程序的制度，包括编制的程序与制度、监督与调整的程序与制度以及评价与报告的程序与制度等，以组织结构为基础。公司决策制度主要从内控角度出发，解决日常决策管理与决策控制相分离的层级结构。决策管理是指在决策过程中制定或执行决策的活动，决策控制则是指在决策过程中批准或监督决策的活动。一般情况下决策过程分为四步：提议、审批、决策与监督。我国《公司法》对预算相关事项进行了规定：审议批准公司年度财务预算、决算方案、决定投资计划的权力在股东大会，制定公司的年度财务预算、决算方案的权力在董事会。预算决策制度依据《公司法》将预算的决策管理权和决策控制权在不同主体之间进行了具体分配，根据公司治理结构一般都将决策控制权赋予股东大会和董事会，而将决策管理权赋予公司管理层，主要内容如下。

①股东大会。拥有公司预算方案最终控制权，间接控制公司预算管理活动，主要代表公司股东的所有者，提出对公司收益管理要求，设定预算的目标底线。

②董事会。它是预算管理的最高决策机构，负责依据股东的期望收益，结合公司的具体发展战略确定公司年度经营预算和财务预算，并下达给负责日常经营的经理层。

③预算管理委员会。它是董事会授权专门负责预算管理的机构，全面负责预算管理的组织、协调工作。通常，预算目标的确定、预算审批和下达、预算调整、内部仲裁等需要"集权"的预算决策和调控职能，均由预算管理委员会承担。

④公司经营管理层。它是公司预算组织与编制草案的具体实施者，同时负责实施公司年度经营计划、财务预算和投资计划方案。公司经营管理层负责按照预算管理委员会下达的年度预算方案组织公司的生产经营活动，对预算的控制与行为结果负责。通常最终的预算完成指标是公司经营管理层考核的主要依据。

总之，构建完善有效的预算管理机制对组织有着重要意义，它将框架性制度具体化，通过预算价值计量的特点，将公司法和公司章程等框架制度中原则性、抽象性的权责关系的描述结合企业和市场的具体环境进行具体化、可度量化，实现年度预算目标的确定以及对目标的层层分解，其本质就是股东大会与董事会、董事会与总经理、总经理与公司日常经营机构的签约过程。公司日常经营的决策权被有效分解，即公司总经理和各级机构被赋予在预算目标范围内的管理决策权力和相应的责任，在企业建立起明确的责、权、利网络，发挥约束激励的机制功能。

第二节 预算绩效管理方法

一、目标管理（MBO）

（一）概念及内涵

MBO 是 Management By Objective 的缩写，于 1954 年由彼得·德鲁克在《管理的实践》中提出。MBO 的核心理念是任何事情都须以终为始，以结果为导向来解构目标。MBO 公开性强，企业在总体绩效目标分配过程中透明公开，且整个过程涵盖了部门和员工之间的交流，其缺点是在 MBO 在推进的过程中，有时候疏于把控，导致环节不细致而存在异议。

MBO 所指的人是"社会人"，认为人不仅仅为了物质而生存，除此条件之外，还有社会、心理因素能够影响人的生产积极性，员工士气是工作效率的主要决定因素。在目标明确的前提下，员工会变得主动和责任心更强，能够自觉约束自己的行为，并产出更高的绩效结果。与此同时，德鲁克指出，目标设定、组织行为、激励与信息交互、绩效考核、管理发展是形式上的分类，工作中管理者的阅历和经验不断累积、才干不断提升才能够使其发挥作用。此后，他详细地分析了管理者的任务。

德鲁克认为，管理者的第一个任务是打造一个生机勃勃的产出大于投入总和的整体，这个整体要具有资源整合、转化和再创造的作用。在这里管理者仿佛是一个交响乐团的指挥，在一场表演中，通过乐团指挥对乐章的理解和对节奏的把握，将大提琴、小提琴、长号、长笛等个性鲜明的乐器演奏形成了融会贯通的完美交响乐演出的整体。但实际上，作曲家的乐谱是乐团指挥的依据，指挥只扮演着传达者和解释者的角色，而管理者扮演的是作曲家和乐团指挥的双重角色。

管理者的第二个任务是做好在当下与长期的决定和行动中平衡协调。在这个过程中，他无论选择牺牲当下要求或者长期要求中的任何一项，都会导致企业因此而受到危害。他比传统的绩效管理方法特点更加鲜明：首先，始终围绕着员工的自我控制、自我管理和自我评价这几个关键点；其次，鼓励最底层的员工积极主动地参与到企业管理的过程中；最后，它看重的是绩效的成果产出比，而不止步于仅仅完成任务，它适合针对高学历员工这个群体开展实施。

（二）特征

1. 员工参与

目标管理法要求全体员工一同参与到企业、部门、个人目标的制定过程，这一行为充分体现了现代化企业的民主性要求，可有效提升员工的参与感，以及对企业的归属感，在执行过程中也更容易获取基层员工的支持。同时，共同确立工作目标的过程，也是员工发挥个人能力，群策群力的过程，在这个环节管理人员可以挖掘那些有见识、有能力的员工。

2. 建立目标观念

目标管理法的优势在于工作过程中，员工清晰了解个人工作目标、企业发展目标以及二者之间的联系，进而也清晰自身的工作成果会为企业带来哪些好处，更加了解自己的工作达标后会获得哪些奖励。正是因为这种清晰的认知和强烈的工作信念，全程激发员工的工作积极性，避免了工作上的盲目和懈怠。

3. 结果导向

目标管理法以目标为工作导向，以结果为评判依据，为岗位员工量身打造属于个人的工作目标后，也会为其设定完成该目标的周期，当周期结束后管理人要确定员工完成的质量与程度，而在员工工作过程中，其他人员不会主动干涉，充分给予了员工一定的工作自由性，有利于其工作能力的发挥，进而表现出更佳的工作状态。

二、关键绩效指标（KPI）

（一）概念及内涵

KPI 是 Key Performance Indicator 的缩写。我国学者方振邦、王国良认为，企业的绩效管理活动，是由对员工行为的计划、监控、评价和反馈四个方面构成的连续、完整的过程。秦丽伟、朱翠萍、孙雨亭认为，在设置公司级 KPI 时，应将企业发展战略进行提取，将指标进行分解，从关键绩效指标的设定，关注企业核心竞争力的发展走势。蒋刚在《基于 KPI 的车间绩效管理研究》一文中，从汽车生产车间绩效管理现状入手，提取并细化关键绩效指标，考核结果应用于员工薪酬和职位升迁。张智瀚利用关键绩效指标法，建立了一套相对科学合理的考核指标，并与薪酬分配、员工工效和职业发展相挂钩，为企业发展提供良好的人力资源优势。

KPI 是企业战略落地的评价工具，源自德鲁克的目标管理。作为一种绩效衡量标准，选择正确的 KPI 非常重要，因为这将体现员工工作价值。创建标杆的基本方法是对关键成功因素进行解构，找到企业的关键成功点，将其归纳为关键成功因素，以区分不同的衡量标准，然后对每个衡量标准进行层层分解，最后转化为行动。

关键绩效指标调整部门内输入方和输出方的关键参数，是基于企业绩效管理实行的一种指标方法，通过与其他指标方法之间的比较可以发现关键绩效指标，能够将战略目标划分为小目标，将个人目标和企业目标相联系，推动企业健康可持续发展。

企业绩效管理体系的核心是 KPI，也是企业的规划目标，研究企业成功的绩效因素，以此构建公司和部门的 KPI 体系，指标的权重才能得到保证。工作人员在岗位上的工作表现是否良好可以通过关键绩效指标得知，绩效规划的重要一环就是关键绩效指标。关键绩效指标是在企业战略指标分解之后而得出的，是企业当中能够具备的关键因素，能够创造最大价值的关键所在，所以通过对关键绩效指标的分析，能够让管理者更加注重关键活动，同时通过关键指标的测量来了解员工的岗位表现，所以越来越多的组织开始重视关键指标在绩效管理当中的运用。

通过目标管理法和关键绩效指标法之间的对比可以发现，两者虽然并不相同，但也有很大的联系，在企业管理当中可以将两者进行结合，解读公司愿景，提炼目标当中的关键因素，从而形成企业的关键绩效指标。

（二）特征

1. 按步骤进行设定确定

依据企业发展需求确定关键成功领域，确定关键成功因素，从因素中筛选关键绩效指标，按照权重排列关键指标并建立体系，确立部门 KPI，最后依据部门 KPI 确定个人 KPI。

2. 战略性强且有利于个人绩效与企业绩效一致

关键绩效指标脱胎于企业整体战略目标，对总目标分解后得出个人关键绩效指标，既能增加员工对企业的归属感，又能提升员工工作积极性，进而提升企业运营效率。

3. 有利于抓住关键工作

关键绩效指标突出关键二字，意即抓工作重点，在确定目标之后要找寻工作重点，实现以点带面的工作成效。关键绩效指标有助于帮助企业、员工在错综复杂的工作内容与工作关系中找寻到成功的关键要素，提升工作效率。

三、360 度绩效考核

（一）概念及内涵

360 度绩效考核又称交叉考核，其优点是从上、中、下的关联人群中得到相对客观翔实的评价，并且相对容易让被评估者接受，形成可行的后续行动计划。

它通过多渠道多角度获取成员工作表现资料，然后对这些信息进行分析评估和实施，反映了对被评估者的表现和成就进行评估的整个过程。360度绩效考核更适用拥有相对稳定组织架构和人员的企业。我国学者麻肖怡、杨维平、王伯楠从基础管理监督、成本管理、企业运营效率、客户服务管理和社会效益等层面，提出了针对烟草商业企业较为完整的绩效评价体系。在该模式中，评分人员涉及自己、上级、下级、同级，甚至是外部人员，如客户，从各个角度、各个层次和各个群体来评估一个人的绩效，从而保证评估的公正性和有效性。从可行性角度来说，一般针对能力素质考核、满意度调查之类的内容，并且不会有太高的考核频次。

（二）流程

360度绩效考核是常见的考核方法之一，这种考核方法的核心特点是评价多元化，一般会有四个以上的人员对被评估人进行评价考核。因为考核的维度较全面所以相对结果会更加客观，这种评价方式可让被评价人多维度认识自己的优缺点，以达到改善的目的。360度绩效考核的步骤需要非常完善，每个环节都会影响考评的结果，具体流程如下。

1. 界定目标

这种考评方式首先必须明确考核的目的，例如希望被考评者了解自己的服务能力以及沟通表达能力等。

2. 匹配主要行为与职能标准

考评人根据考评需要，明确被考评人的主要行为。被考评人的主要行为，要与公司的核心需求职能标准相匹配，例如公司的需求是创新或者沟通，那360度绩效考核的内容就要与之相关。内容确定之后，再根据每一项职能标准确定主要行为。

3. 调研设计

当确定好考评行为后，就要根据人员的主要行为挑选问题，但是一定要注意数量的多少，如果问题过多就会造成考评人的反感，导致调研不真实；如果问题过少则无法深度说明问题。

4. 考评人甄选

被考评人与考评人在日常工作中要有充分的接触和互动，考评人必须有机会观察到被考评人的行为，否则评估不够客观，是无效的。

5. 沟通以及交流

该步骤是 360 度绩效考核的核心步骤。考评人与被考评人的深度沟通交流须真实有效，参与者必须公平、公正。被考评人对问卷要仔细思考，公司对考评对象的评价必须严格保密，在考评之前公司需要召开相关的会议进行说明。

6. 测试与考评

调研问卷完成后一般要先小部分测试，看是否有不清晰或者歧义的语句。测试完成无误后方可执行考评，建议用线上问卷系统进行考评，方便进行数据化分析。

7. 绩效评价

根据数据分析被测评人的表现，结合公司的行为标准进行比对，根据结论对被考评人进行打分，根据绩效结果进行绩效面谈。

（三）特征

1. 多方位考虑

360 度绩效考核参考的是外部多方主体意见以及个体意见，选择的评价角度多，评价客观性较高。

2. 目标特定

不同于其他绩效考核方法的多维性，360 度绩效考核目标特定，当确立了一个目标对象后，采用的方法是从多角度对该目标展开评价，采用的方法多样化，但评价对象和目标有且仅有一个，因此评价真实性较高。

3. 考核结果误差小

同样是因为外部多角度评价，对目标评价的主体众多，单人主观因素被淡化，个人情感因素造成的评价误差降低，有利于保障考核效果的真实性。

4. 设置自身评价环节

相比其他绩效考核方法，360 度绩效考核法对个人的提升更加明显。该方法邀请被考核者自身参与到评价中，自己可以从既定的评价指标和内容分析中审视自己的不足之处，并结合他人对自己的评价，感受各项指标的他人与自我的评判差异，能帮助自己更好的认清自身。

四、目标与关键成果（OKR）

这是一种管理手段，用来定义与跟进目标和其完成情况，1999年由英特尔发明，并由英特尔掌门人约翰·道尔（John Doer）推广，后逐渐被甲骨文、谷歌等多家公司采用。

目前，包括互联网企业、风险企业以及创意企业在内的大型企业在制定商业计划书时，都广泛使用它。OKR的价值在于，帮助团队有效评估一个周期内针对团队设定目标的最终执行完成情况。OKR重点着眼于制定企业的战略和阶段目标，该战略和阶段目标通过易被接受和理解的形式向下传达，协助员工看清企业发展的蓝图，并思考自身优势对应的职位可以为推动企业发展提供哪些价值，最终统一战线，朝同一个目标前行。

（一）OKR内涵与本质

O——Objective，企业目标；KR——Key Results，视为关键结果。KR支撑目标O，用于建立实现路径，并且能够衡量实现进度。OKR是一种在达成企业目标的分解与执行方面，有利于聚焦目标、配置资源、统一个人与团队目标的管理方法。

OKR可以分为三个层次。在金字塔的顶端是公司级OKR，即第一个层次，用于明确公司的总体目标，并确定实施的优先级。第二个层次是团队层面的OKR，即团队工作的优先级。它不是对公司OKR的简单分解，也不是对单个OKR的简单汇总，而是启动团队层面的流程，重新定义和建立OKR。第三个层次则是个人的OKR，也就是对于企业最切实际也最具体的一层，即员工明确自己该做什么。

（二）OKR的主要特点

OKR的主要特点可以归类为5个方面。

①简单直接，也就是说最多不超过5个目标。

②每个目标的具体KR不超过4个，而且每个KR必须能够直接实现相应的目标。

③公开透明，即每个项目和个人的目标以及结果对整个公司甚至每个人都是公开透明的。

④上下级OKR一致，即公司到组织到个人，目标必须达成共识。

⑤ OKR 沟通密切，即沟通频次高，包括一对一，也就是个人和他的管理者沟通，还有全公司会议上根据业务板块沟通并评估。

（三）OKR 实施条件和流程

OKR 的实施需要整合到企业的战略框架中考虑，适合于那些能够给予各独立业务单元充分自主权，但对员工能力的总体要求较高的企业。OKR 并不是一个完整的员工评价工具，因此 OKR 还须得到其他员工评价方法的支持，比如，可以结合 360 度绩效考核等已成熟的方法帮助评估，最后可以提供与之匹配的系统工具支持，满足整个过程从任务分解到达成的透明和公开化。

首先，要从年度目标开始，按季度分解，形成自上而下的企业目标，和自下而上的规范相结合。然后，检测和评估服务提供者的业绩，并在每个季度末报告结果，以客观评估关键成果的实现程度。在整个过程中，要注重沟通和辅导，注重凝聚力和团队精神，关键业绩指标不用于评估员工的业绩，也不与薪酬或奖金直接挂钩。

OKR 实施流程如图 2-4 所示。

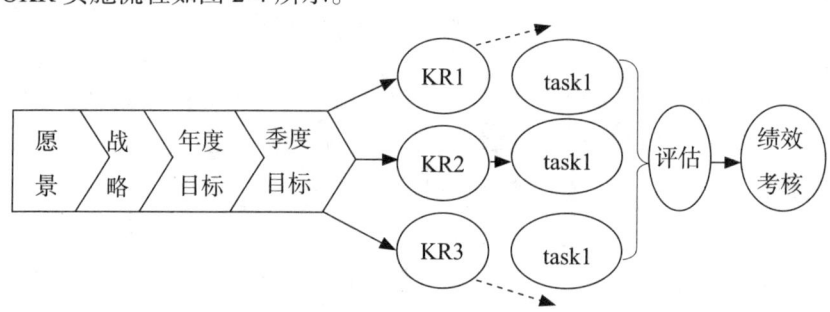

图 2-4　OKR 实施流程图

（四）OKR 与前述方法的对比

1. 传统预算绩效管理方法的不足

传统和当今的主流预算绩效管理模式主要还是 KPI、360 度绩效考核等，但它们存在以下一些方面的不足。

（1）把指标当目标，并且与激励结果强关联

就拿 KPI 来说，是控制导向按部就班下的传统绩效主义。KPI 的本质只是企业战略在多层往下细分后落实的基层数字指标，员工只会关心数字的达标而忽视

自己职能岗位对企业战略的真正贡献,哪怕这个数字是错误的也只能一味执行,因为与其考核结果息息相关。

(2) KPI 把劳资关系彻底演变为"博弈"

这也就是说有些对于企业战略发展至关重要的事情,但是 KPI 相较来说相对复杂,其复杂程度导致难以制定与绩效指标评定机制相应的规则,中层管理者或者部门主管起初就不愿意将这些重要事情体现在指标设定上,即便制定了也只会保守地上报数字。

(3) 缺失部分过程管理

由于传统考核,无论是 KPI 还是 360 度绩效考核都是以一年为周期,中间存在着缺失绩效沟通的问题,且没有除去和个人利益挂钩的激励和认可应用。在 VUCA(变幻莫测的)时代 OKR 模式首先改进的就是流程的速度和周期,尤其是将互联网时代的敏捷精神纳入管理人的过程中,进行持续有效的沟通;其次就是考核结果的应用要针对知识型员工制定更加动态的激励和反馈机制,能设法让他们积极主动地去设置更有挑战性的目标来实现角色认同。

2. OKR 的优势

针对那些刻板、模糊、缺乏目标对齐且往往使用强制等级排名方式的预算绩效管理方法,OKR 体现的是一种先进的理念,尤其适用于当下知识经济时代。主要存在以下几个方面的明显优势。

①敏捷应变的动态管理。在很多企业内部,目标都是通过顶层规划之后,再逐层下达。在经营发展的过程中,往往这个目标是长期不变的,缺少经常性的更新,逐渐退化为没有灵魂和意义的数字。OKR 模式下的预算绩效管理促使组织发现更科学的目标,尤其在 VUCA 时代面对市场环境的不确定性,可以帮助提高企业内部管理沟通的顺畅度,减少内部沟通信息减损,让基层员工更加充分真实地了解企业的发展状态和实时变化。

②团队工作高度协同的管理。OKR 是全程透明存在的,上至高层,下至普通员工,从参与制定到实施以及反馈都秉持以人为本的管理理念。公司与员工紧密相连,将员工的个人目标与公司的发展计划相关联,并和其他团队开展协作,赋予了工作特定的意义。而员工的自主参与更是能促进其个人参与的积极性和创新,进而出现的绩效结果也更客观,提高了实施者的满意度。

③充满挑战和突破理念的管理。在知识经济时代,OKR 聚焦解决如何高效开发知识型工作者的创造力,通过设置具有挑战性、远离舒适区,但是又不脱离

实际的 OKR，从个人到小团队，努力产出更具创造性的生产力。此外，对应着对可能产生的失败有着包容的机制。OKR 能解决的问题，如图 2-5 所示。

```
企业面临的问题
● 如何适应社会与行业的快速发展
● 如何促进部门间沟通、避免各自为政或重复性工作
● 新的业务领域应该如何制定目标
● 如何激发员工的主动性和创造性
● 如何管理 90 后员工
```

```
个人面临的问题
● 如何了解公司与团队的发展目标
● 其他部门在做什么，我可以提供什么支持
● 我的工作能如何为公司做贡献
● 在一段时间内工作上取得了哪些进步
```

图 2-5　OKR 能解决的问题

下面针对前述方法，从定义、理念、优点、缺点和运用上来做一个总结归纳，如表 2-2 所示。

表 2-2　预算绩效管理常用方法

	MBO	KPI	360 度绩效考核	OKR
定义	目标管理	关键绩效指标	全方位评价体系	目标与关键成果
理念	以目标为导向，以人为中心	根据目标、预算、流程，确定挑战性目标	多角度进行评价	着重管理而非关注目标及重要事情
优点	企业总体绩效目标分配过程透明公开	基于二八法则，聚焦关键目标和指标	全面的信息反馈有助于能力提升	目标层层分解，对过程进行管控
缺点	可能会对过程把控不严格，导致异议	重考核、重激励，员工抵触，落地难	成本高、难度大，必须与 KPI 等相结合	焦点在过程，减少激励

	MBO	KPI	360度绩效考核	OKR
运用	强调短期目标，适用中小企业	用于目标、结果导向的强势企业	适用采用胜任力模型企业的管理层	适用项目制为主的企业

五、平衡计分卡（BSC）

（一）概念及研究现状

罗伯特·卡普兰（Robert Kaplan）教授和戴维·诺顿（David Norton）是平衡记分卡的创立者，《平衡计分卡——驱动绩效指标》阐述了如何通过平衡计分卡助力于公司的绩效考核并做出成效，在公司绩效考核上具有深远的影响，同时设立了平衡计分卡的四个考核维度：财务、顾客、内部运营与学习发展（不同版本的维度名称略有差异）。平衡计分卡认为，传统的财务模式只能衡量过去发生的情况（较差的结果报告），若部门能从工作步骤、消费者、财务、学习与成长几个方面实施绩效考核，则可以判断部门是否具有长远的投资眼光，即具有领先的驱动因素。

学者贾楞在《科学设置考核指标 完善激励约束机制》中认为，对于非财务指标的考核要充分重视，发展模式要从重视规模和速度，转变为重视价值创造，实现风险与收益的平衡性，另外，在这个过程中要更加注重发挥员工的积极性。这些理念与现阶段高质量发展的要求是一脉相承的。

学者吕潇湘认为，平衡计分卡的四大平衡关系是企业经营的最终成果目标，客户价值是实现企业发展战略的关键，内部经营是开展好组织高效管理的基础，学习与成长锻造企业发展后劲的核心。

学者张学慧通过对煤炭行业绩效考核管理现状的分析，将可持续发展理论、人本理论和委托代理理论与平衡计分卡应用方法相结合，建立与员工薪酬、职业升迁和企业价值之间的紧密关系。

学者稽杨建认为，立足烟草行业发展现状，应通过分析当前管理状况、人员思想状况和企业长期发展规划，利用平衡计分卡方法的四个层面，对企业绩效考核体系进行完善。

学者李方晓指出，目前烟草商业企业的绩效评价指标多是财务指标，并不能正确、科学合理地反映出企业真实的经营状况，也不能更好服务于企业长远发展规划，需要引入平衡计分卡，对企业战略发展目标和短期工作任务进行进一步细化，并从中确认关键绩效指标。

（二）特征

具体而言，平衡记分卡具有以下几种特征。

1. 以战略为核心

平衡计分卡始终坚持以企业战略为核心，依据战略核心展开要素拓展，开展战略衡量、战略管理以及战略协同等，同时以战略为核心，围绕四大维度建设企业的战略管理体系，全面提升企业市场竞争力。战略衡量体系的建立健全，依托平衡计分卡方法，并绘制企业战略管理体系示意图，将企业战略核心和四大维度之间的联系以图表形式予以明确，这四个维度的内容紧密围绕战略核心铺排对应工作。

2. 协同原则

协同原则是指战略的协调一致，在对应层次上找寻协同路径，例如，企业层次、部门层次以及个人层次。围绕企业战略核心，对这三个层次进行目标分解，之后再带入平衡记分卡体系下的四大维度理念，围绕这四大维度协同展开工作，强调层次内不同维度之间的协同和配合。

3. 实现有效平衡

以企业战略核心为基准，以平衡记分卡为路径，整合企业内外部资源，协调企业内部和外部，达到资源配置上的平衡。以财务平衡为例，平衡计分卡路径下的财务平衡要求与传统财务评价方式有明显差异，并非以财务收入为关键评价指标，而是结合了外部资源后的综合评价。再者，便是以企业战略核心为基准，平衡长短期绩效考核，既要着眼于企业的短期发展，为可持续发展提供动力，也要着眼于企业的长远发展，持续提升企业的市场竞争力。

（三）平衡记分卡在预算绩效管理中的应用

当前世界的经营环境，非常适合平衡计分卡的发展，既能够将短期结果和成绩价值进行相互结合，也能够为企业的预算绩效管理提供新的思路，所以在平衡计分卡预算绩效管理体系当中，能够对传统预算绩效管理取其精华，去其糟粕，可有效实施企业预算绩效管理。

传统的预算绩效考核方法存在两大不足：首先是财务绩效评价的指标缺少多样性，没有注意到要综合发展企业的业绩及员工的能力；其次是没有清晰地流程化部门和职位的定性考核的指标，其考核过程中没有确保考核的公正，导致最后考核的结果不够透明而引起民怨。平衡计分卡引入客户、工作步骤和学习与成长的绩效考核，考核评价的过程符合逻辑也足够完善，为了呈现出绩效评价有可操作性以及公正性，定量指标是其主要操作方式，并以少量的定性指标为辅助进行绩效考核。

1. 改善绩效考核片面性

企业的员工认为当前绩效管理体系需要进行改进，尤其是对于员工层面的绩效考核，过多地关注于业绩考核。平衡计分卡体系的构建和应用则可以加强企业高层与基层的联系，在制定指标并分配的过程中，充分考虑到部门和员工的实际要求。对于企业不同部门、不同岗位的员工，采用区别性的指标考核，增加业务绩效以外的绩效考核指标和考核权重，使考核更全面。

2. 明确企业发展战略

平衡计分卡在战略上的逐步分解，使得企业上下的目标都能够保持高度一致性，原来用业绩来反映绩效的方式与之相比是做不到的。企业的绩效管理不能紧密的联系企业发展战略，那么必然会导致与企业目标的脱钩，让企业的发展目标不清晰、不明确。

平衡计分卡不仅仅是一个管理工具，也是一个反映企业整体战略的工具。这不仅让企业在市场中有一个合适的定位和发展方向，也推动员工未来的成长与规划。平衡计分卡让该企业内部的所有级别活动都能够围绕企业战略展开。分层级管理是平衡计分卡的重要一环，通过企业发展战略的分解，用最简洁明了的方式，紧密联系员工与企业，让员工的发展与企业发展产生相同感，最终实现真正的双赢。

3. 关注员工学习与成长

一些企业缺乏定期的员工培训，员工绩效指标不能够全面要求员工，员工缺乏向上反馈的途径。平衡计分卡体系为员工提供了定期的培训和学习，充分关注员工的长期发展，打通员工有效向上反馈问题的渠道。这有利于企业管理者针对相关问题，指导员工进一步明确工作目标和提升工作效率。在平衡计分卡体系中，员工能够积极参与到企业绩效管理的指标制定过程，对于切身相关的绩效指标，让员工更有发言权。在自身工作的基础上，在科学合理的指标指导下，增加一些有创新全面的指标，员工才会有更好的发展。

4. 形成良好的文化氛围

过去企业的管理者更多担当的是一个工作指导者的角色，在员工管理方面，他们通过个人经验判断员工是否具备能力及相应的品格素质。管理者的脾气、性格等主观因素，员工与管理者关系亲密程度也会影响管理者对于员工判断的客观性，影响了员工岗位晋升和评选荣誉称号的公平性。在绩效管理方面，管理者仅仅重视员工业绩完成质量和进度，不关注员工的学习与成长，导致员工只关注业绩的增长，员工与员工之间不仅没有互动学习的良好氛围，而且还有可能产生矛盾，极大地影响了员工工作的积极性，无法释放员工的工作热情。

通过平衡计分卡体系建立的文化氛围，管理者会从工作指导者向服务型领导转变，培育全企业上下较高层次的感情信任，极大提高了组织领导的有效性，体现了以人为本，为员工创造了舒心的工作环境，进一步开发员工潜力，促进了企业可持续发展。具体体现在以下两个角度。

管理者角度——平衡计分卡体系的构建使得企业管理层不仅牢牢把控整体的工作进度，而且还加深了对员工个人工作和生活的了解，更全面地评价员工，这为以后员工的晋升调岗提供了相应的依据。

员工角度——通过多样化的绩效考核方式，员工有反馈工作问题、反映心声的渠道，便于管理者针对自身提供改进方式，达到深入了解自我，并提高员工的工作方式和效率的目的。在良好的企业文化氛围下，这激发了员工学习动力，促进了企业发展。

5. 促进预算绩效管理进步

没有任何绩效管理体系是完美无缺的，这就为绩效管理体系的进步提出了要求：要不断地更新绩效管理体系。平衡计分卡具有高度的透明性、广泛的参与性、有效且便利的反馈渠道，这些都为平衡计分卡的进步与升级提供了坚实的基础。企业的指标并非一成不变，在企业平衡计分卡流程中，也要求每年的年初会议要重新审视企业指标的制定与发展，通过对企业自身的考量，结合对市场环境的了解，企业在发展战略和绩效指标上做出相应的调整。

原有的绩效体系是自上而下的任务传达，并没有良好的信息沟通，数据集中在特定层面，当业绩指标恶化的时候，企业才会发现，所以导致企业指标更新的滞后性。此外，原来整个绩效管理的调整仅由少数几个部门完成，工作量大，且可能无法解决企业实际需要。而平衡计分卡的调整相对较小且及时，员工的充分参与让其更容易满足工作的实际需求。

（四）企业平衡计分卡绩效管理运行的保障措施

1. 建立激励机制

激励机制的出发点是公平对待每一位员工，因此要建立科学、合理的激励机制。建立激励机制需要遵循以下几点原则。

（1）差异化激励原则

在平衡计分卡的绩效管理体系下，即使企业员工有不同的级别和工种，也能够通过差异化的贡献计算方式得出他们对企业的贡献度，对于不同贡献程度的员工，企业要采取不同的奖励规格，既要充分考量不同类型和特点的员工，也要考虑到不同个体间的差异，如评价等级不同采取不同的奖金奖励，增加基本工资或绩效奖金，对于管理层可以采取持股分红或者升职加薪，对于有突出贡献的员工可以赠送纪念品或荣誉表彰，在这些激励制度中要能够充分反映员工对企业的贡献价值。

（2）构建以人为本的激励机制

激励并非等于物质奖励，应以员工长远发展作为构建企业激励机制的出发点。企业的人事部门需要鼓励员工积极参与到企业绩效管理中去，各个部门要给予每一位员工相应的权利，让他们对于建设企业、管理企业这一事项产生积极性，提高参与度，充分调动其主动性，发挥他们的创造力，实现员工与企业的共同成长。

（3）公平激励原则

公平激励原则包括激励制度的构建公平、激励成果的分配公平。一方面，公平激励制度需要对企业所有员工而言都是公平、公正的，杜绝所有偏见性的激励措施。制度的构建需要经由管理者、参与者的共同认可和确定，保证激励制度建立的合理性。合理的激励制度能够让员工处在一个适度的工作压力中，使得员工在工作过程中松弛有度，不会出现过度懈怠的状况。另一方面，激励成果分配公平要求企业能够对表现出色的员工及时予以奖励，这样员工就会在工作中无保留地发挥自身才能，更容易创造出成果。

2. 加强平衡计分卡体系的执行力度

绩效考核体系的实施效果与员工素质密不可分，所以企业有必要对所有员工，尤其是中高层员工进行绩效管理培训。让他们掌握平衡计分卡的运行周期，了解绩效系统的实施路线图，并确定各级指标。

在企业管理层级中，高层管理者拥有对企业战略目标设计和选择的决策权，他们是企业未来蓝图的设计师，对于企业未来的发展方向有着更清晰的认识，对企业战略有着更深入的理解。高层管理者对于企业员工的影响是深刻的，他们对平衡计分卡的绩效管理的态度，就决定了企业员工对其的态度。

在企业工作的员工会判断自己与高层管理者的行为是否一致，他们会根据高层管理者的态度和行为来调整他们自己，使自己融入企业的主流方向中去。如果高层管理者不重视绩效管理，那么企业员工就会认为没必要在平衡计分卡项目上花太多的精力和时间，这就严重影响了绩效管理体系的执行力度。如果高层管理者重视，那么员工也就会重视，进而推动平衡计分卡体系在企业中的建设和发展。高层管理者的重视程度，可以通过会议、培训等方式来对企业员工进行传达，既增加了平衡计分卡的影响力又提高了管理者和员工对平衡计分卡绩效管理理念的认识，方便员工参与绩效管理的后续工作。

有关人员应按照公平公开的原则，定期检查新绩效管理体系的运行效果，收集并汇总平衡计分卡指标信息向高层报告。组织也应建立和改进与平衡计分卡的实施兼容的其他系统，使管理标准化、程序化和层级化，在每个层次中实现企业宏观战略的软着陆，使上下级之间的沟通能够畅通无阻，让企业上下共同指向企业的总体目标。

3. 建立并优化组织保障体系

首先，为了确保这样一个完整系统的顺利运行，企业必须建立一个相应的领导组织。一是，根据企业的组织结构，企业总经理和各部门的总监可以组成绩效领导小组。总经理是团队负责人，其他部门的总监直接向总经理负责。领导小组主要负责制定规章制度，平衡计分卡流程需要通过单独的访谈、高层次管理者多轮次研讨来确定具体措施方案的制定。二是，各分支机构的管理者要在各自的部门成立行动小组。团队负责人是总监，部门经理直接向总监负责。行动小组主要根据既定的程序促进绩效系统的实施。三是，可聘请外部专业顾问与企业人力资源管理部门组成咨询团队，观察和监督组织绩效管理系统的运行情况，提出相应的建议。

其次，完善及时沟通反馈渠道。一些企业之前可能已经形成了固定的绩效管理方法和制度，而在原有基础上提出平衡计分卡这种新的绩效管理体系，并同时运行两种制度，就难免会发生冲突，此时，就需要管理层的充分沟通，保证绩效管理口径的一致性。高层管理者在新制度实行前，需要对企业员工进行新制度的宣传，让员工做好适应新绩效管理体系的心理准备，告知员工在工作过程可能出现的问题、沟通协调及处理矛盾的方式方法，保证企业平衡计分卡绩效管理体系的稳步推进。强制员工执行是无法成功实现企业战略目标的，并且新绩效管理制度指出员工是绩效管理过程中不可缺少的一部分，因此，企业要鼓励员工参与到企业绩效管理中去。

要想将员工利益与企业利益相结合，就需要争取到员工对企业目标的意见和建议，以此实现企业的目标就是员工的目标，企业获利就是员工获利。平衡计分卡绩效管理体系的运作是持续性的动态过程，其带给企业的效益并不能在短时间内体现出来，需要管理人员对平衡计分卡有着持续不间断的关注，及时反馈变化，做出适当调整。员工接受新制度并非是一朝一夕的，需要通过企业内网、工作平台、会议、任务宣传、微信群等途径来对员工进行不断的传达。员工只有真正接受了平衡计分卡，企业绩效管理制度的推进才会更迅速、有效。

最后，建立并完善公司信息管理系统。高效、简洁、方便的信息管理系统是运转平衡计分卡的基础，所以企业需要建立或完善现有的信息管理系统，满足实施平衡计分卡绩效管理体系的硬件条件。信息管理系统一是可以整合、集中平衡计分卡的所有统计数据，这些数据是评估平衡计分卡效益的根本依据；二是统筹规划各个部门工作流程，形成管理平台，提高绩效管理效率；三是形成平衡计分卡有效运行的数据源，为绩效管理提供信息支持。

4. 营造良好的绩效管理体系运行环境

绩效管理体系运行环境主要是指企业绩效导向的文化氛围。这种文化氛围是企业发展的持续动力。文化是一种深植人心的思想，与表面的流程具有本质的不同。平衡记分卡绩效考核的实施是一个持续的过程。平衡计分卡不是走流程，而应将其作为企业文化的一部分，不断使其企业化、产品化。这需要企业全体员工的支持与配合，及时反馈遇到的问题，将问题解决在萌芽状态。对于员工提出的问题，企业要给予切实可行的解决方案。员工心声能够合理传达，也就使企业有机会了解员工，帮助企业解决员工需求，提高员工满意度，让整个企业拥有一个良好的工作氛围。好的工作氛围又促使员工积极主动地配合管理，形成一个良性的循环。

企业培育以绩效为导向的文化主要有两个方面。一是建立绩效导向型企业文化，坚持人本理念，实现企业工作环境人性化、工作强度合理化、工作氛围和谐化和工作待遇科学化，提高员工积极性、创造性，并充分发挥员工潜力，实现企业每一个具体目标，推动企业总体战略的发展。二是建设学习型企业。

企业通过会议指导、员工培训等方式来宣传和引导员工学习，张贴标语并鼓励向先进代表学习，营造一个全企业共同学习的良好氛围，带动企业员工学习。也可以通过企业管理平台和媒体平台来推送学习方法和心得，让员工会学习、想学习、交流学习。

建设学习型企业不仅有利于提高个人绩效水平、工作效率，还可以带动整个企业绩效效益的提升，这意味着企业实现战略目标有着持续、长久的推动力。学习型企业的建设是构建企业绩效管理体系运行环境的重要部分，使企业将员工个人的发展规划纳入长远的发展目标中，既创造了人才，也有了人才储备。

六、强制分布法

强制分布法采用的是排序的方式，区别于个人的排序，该方法以群体为项目对员工进行排序。强制分布评价是企业根据员工绩效完成的情况，按照比例分布到前期制定好的等级之中。常见的一般把员工分为五类，S类10%，A类20%，B类50%，C类10%，D类10%。企业可以根据人员等级对部分人员进行奖励，绩效等级高的人可以拿到更多的奖金或者职位提升，而绩效等级低的人就会拿到低于预期的奖金或降职。这种方法的倡导者认为，强制分布可以有效地识别企业里的优秀员工和差的员工以及有潜质的员工。如果把员工分为三类，根据绩效等级做出相应的组织培养或优化计划，具体方式如表2-3所示。

表2-3 不同绩效等级的优化计划

排序或强制分布的种类	绩效开发计划
A类 超过平均水平，绩效卓越的员工	通过富有挑战性的职位安排来加速开发
	奖励员工的贡献并认可员工
	员工的优点得到表扬
	员工的潜在能力得到开发
	从领导团队中选择导师
	让员工主动参与培训和人才培养

续表

排序或强制分布的种类	绩效开发计划
B类 达到预期水平，绩效稳定的员工	想办法将员工绩效由一般转为优秀
	鼓励员工适当开发自己的优势，同时改进不足
	认可和奖励员工的贡献
	考虑扩大工作内容
C类 未到达预计水平，绩效差的员工	员工应当在确定的时间和范围内将不足之处改进到位，提升技能
	调整岗位，使员工的能力更好地匹配岗位
	优化员工

第三章 企业预算绩效管理的现状

预算绩效管理不同于传统的预算管理模式，它是一种以结果为导向的预算管理模式，企业预算绩效管理研究作为相对年轻的研究领域，说取得成绩为时尚早，其仍存在诸多不足，本章则从企业预算绩效管理的现状入手，围绕预算绩效管理的瓶颈、预算绩效管理面临的机遇与挑战、预算绩效管理的优化策略三部分展开。主要内容包括：预算绩效管理存在的问题、预算绩效管理存在问题的原因、预算绩效管理面临的机遇、预算绩效管理面临的挑战等。

第一节 预算绩效管理的瓶颈

一、预算绩效管理存在的问题

（一）管理层方面

1. 思想认识不到位

在预算绩效管理制度体系建设中，由于管理层思想认识上存在一定偏差，导致预算绩效管理尚不能得到有效落实，主要表现在以下几点。

（1）业务层面

将预算与绩效作为两套管理体系，预算工作归至财务管理范畴，由财务部门负责组织实施；绩效工作则纳入人事管理范畴，由人事部门负责具体落实。受两部门职权及从业人员专业知识影响，使得实际工作中，预算与绩效工作几乎处于"脱钩"状态。

（2）制度层面

因认识存在偏差，在制度建设中，分别建立了预算管理和绩效管理两套制度，虽然以"预算完成率"作为制度连接点，但只是形式上的预算绩效管理，并未真正实现管理一体化，无法有效发挥预算绩效管理提升资金使用效率、提高服务质量的根本作用。

2. 战略管理意识薄弱

企业管理层普遍存在"重投入、轻管理"的现象，伴随着业务的不断发展，虽已树立远景战略规划，但没有制定切实可行的具体方案。

预算绩效管理作为实现战略目标的重要手段和工具，要紧密围绕企业战略目标展开。由于企业管理人员的战略管理意识薄弱，对于企业发展总体规划不足，使得各项业务的实际开展缺乏计划性和目标性。没有战略目标的指引，预算绩效管理失去了有力的抓手，作用不能得到有效发挥，预算绩效管理流于形式。

（二）预算编制方面

1. 缺乏信息公开机制

预算编制没有与绩效评价挂钩，不能区分出预算项目的有效性和紧要性，效率低下。预算绩效指标细化不足，绩效评价指标标准不统一，导致开展预算绩效评价困难。预算信息不公开，缺乏对预算项目的事前监督、社会监督和评价机制。

2. 预算编制质量不高

因为企业编制的预算既作为企业战略目标，也作为企业绩效评价和激励机制的依据，所以编制方式方法的科学性对编制的质量尤为关键。如果没有深刻分析宏观形势、行业状况、自身发展阶段以及未来一段时间可实现的目标，就直接在以往年度经营状况的基础上草率地采用上加法匡算出企业的目标，就会出现预算目标过于激进或过于松弛，难以实现预算绩效管理的目标。由于预算编制的方法过于单一，未贯通思考各部门各单位的当前状态、面临的问题和企业的战略，简单套用增量预算法或固定预算法，也不能因地制宜地采用恰当的编制方法编制各部门的预算，预算报告质量不高。

（三）预算管理方面

1. 工作流程不合理

目前，企业大多采用自下而上的预算编制方式，虽然管理层对预算进行审议，但预算所要达成的目标设定权却归属于业务部门，业务部门为能够顺利完成年度计划目标，形成良好的绩效评价结果，往往编制的预算数据较为保守，使得绩效目标简单易行，约束力不强。

2. 信息化程度不高

"事前"：没有完善健全的数据库系统，缺乏对历史、计划、行业、政策要求等方面信息和数据的涵盖共享。

"事中"：缺乏动态信息化跟踪数据的对比，不利于管理的纠偏。

"事后"：数据更新不及时，影响绩效评价与结果运用。

3. 预算周期不科学

一般情况下，企业多数以一个年度为一个会计周期，集中进行绩效考核，这样的考核模式时间跨度较大，难以形成日常"加压"作用，进而导致绩效考核前松后紧，甚至出现数据失真问题。尤其是在预算绩效管理工作中，考核周期过程中可能会产生工作惰性，影响绩效评价效果。

4. 预算约束力不足

预算约束力不足，导致预算绩效管理形同虚设，企业开展业务不以预算为依据，拨付多少资金就开展多少业务，部分预算期间亟须开展的项目由于资金不到位没有办法开展，开展的项目跟不上进度，造成部分资金流失，资源配置不均衡。绩效考评不到位，使得无法对预算项目进行绩效评价和考核。

5. 预算绩效管理及支出不规范

一些企业标准化体系建设滞后，没有口径标准的预算绩效管理指标，导致预算绩效管理不规范。预算在编制过程中没有量化指标，编制不规范，导致预算支出不以年初预算指标为依据，预算支出随意性比较大，缺乏规范。

6. 绩效考核指标与预算关联性不强

目前，企业对于预算的绩效考核，无论在项目设定还是指标设计方面均较为笼统，多以对收、支、余的预算完成率考核为主。

由于在预算绩效考核中没有设计对于重点事项的考核指标，使得在实际执行中，预算编制部门更加注重整体预算完成情况，而对预算中的重点事项很少加以管控。年终开展绩效考核时，由于收、支、余预算完成率较高，从而做出良好的绩效评价，但实际重点事项完成情况却不尽如人意，预算落实情况没有得到真实有效的评价。

7. 预算绩效考核制度有待完善

要想高质量完成绩效管理与预算管理的融合，除了加强预算绩效管理体系建设外，还要根据企业的长期战略目标以及实际运营状况，对预算绩效考核制度进行改进和完善。由于目前部分企业在长期战略目标和预算管理目标以及预算绩效管理目标方面还没有达到完全匹配的程度，为实际的预算绩效考核工作带来了一定的难度，进而使得预算绩效考核标准变得模糊。

在企业战略目标落实方面，预算绩效考核标准的模糊使得战略目标的推进受到了一定影响，部分员工因工作积极性不高而使得工作质量和效率无法得到保障，管理人员由于存在消极心理，或者对战略目标的合理性产生怀疑，进而在推进过程中根据个人意愿对战略目标内容进行修改，影响了企业的整体发展进程。

二、预算绩效管理存在问题的原因

（一）预算绩效管理水平不高

1. 预算绩效管理理念滞后

预算绩效管理在企业中的使用意义是十分巨大的，但是我国还有部分企业对于预算绩效管理的认知比较浅薄，没有真正重视起对于预算绩效的考核，没有真正融入现代化预算控制的理念。

2. 缺乏有力的信息化建设

当前社会进入了"大智移云"的时代，随着科技和网络的发展，各项工作的智能化和信息化水平都有了一定程度的提高。但是大数据、信息技术等在企业预算绩效管理领域的应用还不够，虽然社会上信息化水平发展比较迅速，但是转化到实践中还需要一定的时间。

（二）预算绩效管理模式不健全

从当前企业的预算绩效管理情况来看，管理模式尚不成熟，无法结合实际工作需要开展全面预算工作。一些企业对预算绩效管理缺乏客观全面的认识，难以找到切入点完善工作内容，尚未形成科学的预算绩效管理方法，在组织构架方面存在不合理现象，在绩效执行监督管理中存在一些漏洞，在绩效考核制度建设上不够全面，部分监管不到位，这些问题造成企业预算绩效管理效率不高，难以达到预期效果。

（三）预算绩效管理监督缺失

在企业采取预算绩效管理本身就是一个体系的建设，预算实施过程中的每一步都需要有相对应的管理监督，一旦管理监督缺失就很容易造成企业预算设定随意，预算本身的执行力以及约束力都会大大降低，这对于预算绩效管理的实施是很大的冲击。每一个企业都需要建立健全的信息收集机制，在整体的预算绩效考核中要对整个管理方式进行核对，同时要对财务资金的使用进行评估，这样才能够真正将绩效评价信息数据跟预算绩效的评价结果进行有效的对接。

同时，预算绩效管理监督的缺失还会导致企业无法跟踪监控整个预算绩效管理的所有业务流程，很多财务信息会因此出现断层或者不够准确的情况，财务数据的完整性无法得到保证，这会给预算绩效管理工作的开展带来加倍的难度，对于整体的评价结果也会产生负面影响。

（四）开展预算绩效管理缺乏制度建设

制度建设是预算绩效管理的基础。只有把制度建设好，才能让大家在工作中有约束力，如果相关的制度不健全，可能导致大家在工作中不好好开展预算绩效管理工作，甚至不开展此项工作，使预算绩效管理工作流于形式。预算绩效管理工作需要从上向下层层传导压力，让大家向上看齐。如果顶层设计的环节就缺乏系统性，那么在推进工作中就会缺少制度保障。

（五）预算绩效管理人员缺乏沟通协调

目前，部分企业都将预算管理作为财务部门的工作内容，绩效评价与绩效机制作为人力资源部门的工作内容，各自形成一套体系，容易出现预算和绩效管理脱节，不能有效发挥预算绩效管理的功能。一些预算绩效管理人员局限于向各部门获取预算绩效管理所需要的信息，仅进行简单机械的数据分析，未结合企业当下的内外部环境、战略发展方向、市场与产品、竞争对手等重要信息思考，而且由于未考虑多部门联动机制，集体会议讨论缺乏充分沟通，形成预算与绩效割裂的局面。

第二节 预算绩效管理面临的机遇与挑战

一、预算绩效管理面临的机遇

预算绩效管理面临的机遇即大数据的精准指向。预算主要是指对未来资金的安排，是对未来可能发生的业务活动进行预测并提前进行资金安排的活动。作为资金政策，预算不仅要做好资金需求准备，而且要提供一种资金使用的未来指向。预算绩效管理则是通过考核和评估预算安排的合理性、合规性与准确性，为后期的经济业务活动提供明确的目标指向。显然，要达到理想的绩效标准，预算规划必须要增强前瞻性和预测性。大数据应用所具有的对多来源、多渠道信息深度挖掘、筛选、比对、统计、分析的独特优势，赋予了它精准化定制和精确化预测的两大功能。大数据应用最核心的价值在于它对于海量数据的存储和分析，从海量数据中"提纯"有用的信息，在研究大量数据的过程中寻找模式，发现不同信息的相关性和其他可用信息，帮助各种预制方案更好地适应变化，做出更明智的决策，以形成具有未来预测功能的各种指导方案。大数据应用所具备的功能价值与预算绩效管理目标需求具有高度的一致性。

二、预算绩效管理面临的挑战

（一）数据安全隐患犹在

大数据本身存在的安全隐患成为"预算绩效管理＋大数据"的一个重要挑战。具体来看，大数据分布式的计算存储构架、数据深度挖掘（分类挖掘、异类挖掘、聚类挖掘、关联挖掘）及可视化等新型技术能大大提升预算及预算绩效相关数据的存储规模和分析处理能力，从而强化预算绩效监管，但同时也对相关数据的安全问题提出了新的挑战。

一方面，大数据的引入会使企业预算系统的安全边界变得模糊，可能会引入未知的漏洞。分布式节点之间和大数据相关组件之间的通信安全已逐渐成为新的安全薄弱环节。

另一方面，万物互联的大数据对电脑黑客而言具有"滚雪球"式的诱惑力，其本身就可能成为一个被持续攻击的载体，隐藏在其中的恶意软件和病毒代码很难被发现。如何建立一套规范且灵活的建设标准与运行机制来推动预算绩效管理实施还需进一步探究。

（二）复合型人才紧缺

当前，我国的大数据人才培养还处于初级阶段，大数据的高、中、低三档人才都有很大的缺口，技术、研发类人才也比较缺乏。但"预算绩效管理＋大数据"要得以开展，就必须有同时具备预算绩效管理和大数据相关知识的复合型人才，而我国对此类复合型人才的培养机制还有待完善和提高。

第三节　预算绩效管理的优化策略

一、科学设立预算目标

企业设定年度预算目标，应该首先考虑企业的愿景和发展战略，突出主业，集中资源，打造行业龙头企业；其次再考虑当下企业拥有的资源和面临的宏观环境、行业环境和竞争环境，采用情景分析法，考虑较好、正常、较差的目标值及权重，得出企业当年的目标值。

企业应该选择1～2个财务指标作为企业级关键财务指标，并将其分解至各利润中心、投资中心、成本费用中心，最终分解到人头。企业级的关键财务指标根据企业发展阶段不同，指标选择也不同。初创期和成长期的企业，需迅速扩大企业规模、市场占有率，可选择营业收入或营业收入增长率、经营活动现金流；稳定期的企业，在保持企业行业地位的同时需尽可能实现利润回馈股东，可选择净利润或销售利润率；衰退期的企业，可选择资金周转率和产品盈利性指标。利润中心的关键指标根据企业集权程度和财务管理模式，可选择息税前利润或息税前利润率；投资中心根据项目整体运营阶段，可选择投资回报率、经济增加值、经营活动现金流；成本中心根据其职能不同，可选择单位产品成本、新产品成本降低率、研发投入产出率、研发投入占营收比；费用中心，可选择费用占销售比、新产品费用占营收比等指标。

二、完善预算绩效管理模式

企业要结合自身管理实际，结合工作中的既有问题采取有效措施，构建科学的预算管理策略，优化预算绩效管理模式，在组织结构以及常规管理制度方面科学调整，建立清晰的工作流程，积极引入新理念、新方法、新手段提高工作效率，采取信息化预算管理手段创新管理模式，提高预算绩效管理成效。在管理过程中结合具体项目特点制定短、中、长期绩效跟踪机制，建立分类管理、分类核算模式，结合项目内容进行阶段性绩效评价，建立预算绩效评价周期，这样不但能够减轻预算管理工作的负担，同时还能提高预算绩效管理的有效性。

三、实现预算绩效管理全面覆盖

预算绩效管理的全面覆盖需要从三个方面入手。首先，推动企业内部全体职工参与预算绩效评价，按照预算绩效管理的相关制度，通过确定对应的预算绩效考评范围、流程以及时间等一系列的考评内容，让企业职工认识到预算绩效管理的重要性。同时还可以在单位内部建立预算绩效考评的小组，通过领导牵头、员工参与的方式来实现对于预算绩效考核的全面执行，各个部门积极参与进来，财务部门牵头汇总相关的执行情况进行针对性考核。其次，将预算绩效考核的相关指标渗透到整个单位中去，不论是单位员工还是单位项目全面落实覆盖，将指标融入各个部门的日常管理以及考核运营中去，这样才能够让员工和部门重视起来。最后，建立科学有效的评判准则，通过各个部门的全面参与，填报好相关的预算报表，并且由财务部门等提供相对应的财务数据信息，从而让考核变得更加的真实准确，达到考核本身的目的。

四、构建预算绩效管理监控体系

（一）建立信息化监控平台

绩效管理监控主要集中在对绩效运行的分析、监督与报告上，包括收集绩效运行信息、分析绩效运行信息、形成绩效运行监控报告三个主要环节。

1. 收集绩效运行信息

绩效管理监控的首要工作是收集绩效运行信息，为后续的绩效运行分析和绩效评价奠定基础。收集绩效运行信息数据时，应遵循三个关键原则，即广泛性、有效性、准确性，从而构成稳定的数据三角支撑。

（1）广泛性

以设定的绩效目标为核心，从实施的项目和预算资金的数量、质量、成本和效益等各方面广泛收集信息，只有目标明确，才能从大量的预算数据中快速识别与收集绩效运行信息。之后，为了解决绩效指标不能解决的问题，需要扩展收集到的数据和信息，在经过量化处理数据和信息后，对比权衡量化的成本和效益，为进一步分析和判断奠定基础。

（2）有效性

信息收集的工作量十分庞大，需要采取一定的措施，提高信息收集效率。首先，建立一个合理的会计核算系统，有利于采集成本数据，以便工作人员尽快整理出项目的收支数据；其次，建立信息化的数据处理系统，满足个性化处理数据的需求，有助于工作人员提高工作效率；最后，任用、培养工作经验丰富的一线职工，可依据"二八法则"，即80%的重要决策来自20%的重要数据，其中20%的重要数据有赖于工作经验丰富的职工提供。

（3）准确性

信息的准确性是绩效分析的基础，实际工作中，有些数据信息因主客观原因不能实际反应绩效，这就需要扩大数据来源渠道，采用具有替代性的信息，建立数据制衡机制和事后惩罚机制，确保数据的真实有效。

2. 分析绩效运行信息

分析绩效运行信息是指对收集后的绩效运行信息进一步加工处理，形成有利于管理和决策的信息，通过现有的业务流程信息，设计相关模块的功能，实现绩效运行的预警纠偏、通报披露违规案例和及时处理的监控管理。

（1）预警纠偏模块

预警纠偏模块是监控平台的核心模块，主要是通过业务部门的信息化网络平台和财务部门的动态监控，对单位的预算执行数据进行智能筛选和自动预警，避免人为因素的主观判断。预警纠偏模块具体如表3-1所示。

对于预算单位的支付业务而言，监控流程首先按照付款主体、业务客体、收款主体记录相关信息。

表 3-1　预警纠偏模块

类型	信息要素		具体内容
业务流程信息	付款主体信息		签发凭证时间、付款人名称和账号、银行付款时间、付款人名称等
	业务客体信息		预算类型、支付方式与金额、结算类型、具体用途等
	收款主体信息		收款人信誉、收款人名称和账号、收款人开户银行等
预算管理模块对比信息			预算指标和用款计划信息、用款申请和支付凭证号信息、单位账户信息、金额、用途信息等
监控预警信息	预警规则及处理确认信息	预警规则	预警级别与认定状态、规则名称、违规分类、业务处理与处理人、初审监控时间、终审处理时间、监控备注等
		处理结果	账户余额基本信息、超额提现信息、客户往来信息、采购直接支付账户信息、预算单位基本账户收支信息等

然后根据业务流程信息进行对比，即对比预算指标和用款计划信息、用款申请、金额、用途信息等，对比信息主要是确保支付过程在预算内有效进行，避免超范围、超额度用款。

最后按照设计的预警规则处理确认监控结果，预警规则按照表 3-2 对监控预警的发现、确认、处置的全过程进行记录。处理确认的结果主要集中于预算资金用途异常，是否存在账户使用违规、凭证不符等，例如，是否按照现金管理规定提取现金，是否按照财务部门批复的用款计划使用现金，是否按照预算用途使用资金等。

另外，考虑预先设定的预警规则的局限性，平台在运行过程中可以自动预警和人工核查。自动预警是绩效管理监控平台对预算单位和代理银行的交易信息进行自动的信息对比预警，人工核查是在人工选取的监控要素信息基础上，针对特定的预算执行情况，按照检查的具体内容修改系统预设的条件，有针对性地对预算执行行为进行核查。例如，通过筛查，对预算单位按相关规定向基本账户划拨工会经费、职工福利费、个人所得税及社会保障缴费等的申请予以通过，对其他需要人工复核。

（2）通报披露模块

适度曝光项目部门预算执行违规情况是通报披露模块设计的核心内容，可以规范资金预算的管理。根据业务部门信息化网络监控结果和财务部门的监督检查、审计的结果，适度通报一些典型性的违规案例，以此提醒各项目部门加强对预算执行易出错的关键风险点的关注，并引以为鉴，例如，对专项资金检查中不配合检查等情况，不及时纠正违规行为的，在考虑将违规情况进行通报的基础上，由预算管理委员会向业务部门下发有期限限制的整改意见，预算管理委员会对超出限期未落实整改意见的部门予以通报，并依据公司有关规定向相关责任部门做出不予追加或调整预算、暂缓用款计划等处理措施。

3. 形成绩效运行监控报告

绩效运行报告体系是层层递进的，能够突出绩效管理监控的成果，将微观问题逐级转化为宏观问题，反映预期绩效目标的实现程度。绩效运行监控报告的主要内容包括对相关数据的核实和分析情况、绩效目标的实现程度、关键点绩效运行数据信息、预期产出和预期效益的实现程度、进一步完善和改进预算执行的建议等，具体如表3-2所示。

表 3-2　绩效运行监控报告

阶段性产出结果	产出指标	质量指标、数量指标、时效指标、成本指标	本部分写明阶段性的产出和效果情况
	效益指标	经济效益、社会效益、可持续影响	
累计绩效目标产出结果	产出指标	数量指标、质量指标、时效指标、成本指标	本部分写明累计的产出和效果情况
	效益指标	经济效益、社会效益、可持续影响	
存在的问题	……		项目执行中，跟踪监控发现的问题
改进意见	……		列举出具体问题的详细对策，规范管理

（二）设计绩效运行监控分析指标

绩效管理监控连接着绩效目标和绩效评价，在绩效运行监控体系中设置具体的监控指标，是对绩效管理监控的具体量化，有助于及时纠正偏差，完善资金预算管理，有效改进预算管理方式，促进绩效目标的实现。

绩效管理监控流程可按照"计划布置—监控跟踪—信息报送—审核反馈—抽

查重点"进行。其中，计划布置主要包括监控的主要内容、方式、工作要求、反馈格式、时间节点等，明确绩效监控任务，提出监控要求；监控跟踪能够有效保障绩效目标的合规性、有效性和适用性，促使绩效目标得到有效执行，部门自行监控是基础；报送的信息资料主要包括文字报告和绩效表格两种形式，能够反映项目完成情况是否全面、与目标的偏差情况以及实现预计目标的可能性，为重点监控奠定基础；审核反馈是通过比较和分析，判断绩效目标发展趋势，加强审核业务部门报送的绩效运行信息及监控资料，及时将发现的问题反馈给业务部门，对绩效运行的状态予以纠正和调整；抽查重点是根据监控到的信息和反馈的问题，配合业务部门的自行监控，有重点地进行抽查，确保业务部门报送监控情况的真实性，同时，通过抽查重点能够提高管理水平，督促业务部门及早采取措施。

五、完善预算绩效管理考核体系

当企业负责人在建立预算管理和绩效考核体系时，必然要从多个角度考虑体系的建设初衷，观察其是否具有企业负责人所期望的效用特征。这一方法能帮助企业负责人客观合理地看待企业预算绩效管理工作，使建成的体系具有科学性和全面性，但是这样做也容易使企业管理者陷入某一影响因素之中，进而无法合理统筹企业的长远发展规划。

所以，企业负责人在完善预算绩效考核体系时，也应避免受到多个因素的干扰，而应当将眼光着眼于长期战略目标，根据企业的发展需求做出必要的取舍，使其为企业未来的发展服务，而不是着眼于短期利益。

六、加强预算绩效管理人才队伍建设

对于任何一个企业而言，确定好发展的方向方针之后，就需要搭建好自己的人才队伍和干部班子。预算作为一个企业在开展业务之前确定的目标任务，其本身是保障企业自身发展的关键，而建立高水平的预算绩效管理团队，则可以最大限度地激发企业员工的工作热情以及敬业精神。

当然，考评人员自身的专业水平以及执行能力是预算绩效管理有效推动的关键所在，不断通过多元的渠道来对财务工作人员进行业务培训，提高他们的专业能力，鼓励他们积极学习绩效管理知识才能真正意义上培养出一支具有国际视野、专业素养和管理能力的财务管理队伍。

第四章 企业预算绩效目标管理

预算绩效管理的前提是要设置科学合理的绩效目标,为编制资金预算提供依据。本章分为预算绩效目标设定、预算绩效目标审核、预算绩效目标批复三个部分。主要内容包括:预算绩效目标设定的重要性、预算绩效目标设定的原则、预算绩效目标设定的标准、预算绩效目标的内容、预算绩效目标设定步骤等。

第一节 预算绩效目标设定

一、预算绩效目标设定的重要性

企业的预算绩效目标,是指根据部门职能和企业发展需要,在预算实施后,对于涉及的事物,在一定期限内预计能够产生的效果和效益。预算绩效目标是预算执行的方向,是监控指标设定的依据,是绩效评价的基础,没有目标,就无法考证绩效是否实现。科学的绩效目标对企业的长远发展有着重要意义。

(一)有助于提高部门预算的准确性

各部门按照业务性质、业务量和经济活动类型对投入资金进行划分,不同类别的项目使用不同的定额标准,这其中的难点在于确定项目支出的合理性,因此要结合预算绩效目标来确定,每个项目都应该有相应的绩效目标,在上报预算时应该同时上报其绩效目标,可以帮助企业预算管理委员会在审核预算时剔除虚假的绩效项目,提高预算编制质量。

(二)有助于预算执行时自我监控

预算绩效目标帮助执行部门明确工作要求,制订详细的工作计划,以绩效结果为导向，提高预算资金使用效率，进而更好地开展绩效评价，建立有效的绩效评价运行机制。

二、预算绩效目标设定的原则

预算绩效目标是一定时期内预算资金实现的产出及效果的外在体现。预算绩效目标的设置要着眼实际，科学合理，操作切实可行，要有明确的描述，不能太抽象笼统，或者大而空。

预算绩效目标是预算绩效管理所期望的结果，企业需要结合实际的生产经营活动对所有的资金投入确定相应的绩效目标，从而引领整个预算绩效管理全过程。结合国内外理论研究和实践经验可知，科学的预算绩效目标体系使得预算绩效管理体系在运行过程中不会偏离绩效目标，正确引导资金预算管理活动。

绩效目标来源于企业战略目标，而且服从于企业战略目标，但它不是一成不变的，市场经济环境随时都处在动态变化中，不变的绩效目标迟早会被淘汰，要随着外部环境和企业自身经营状况的变化而变化。企业在制定具体的预算绩效目标所涵盖的具体指标时，在总体目标的指导下，各部门还需要围绕着各自实际的业务情况，分别确定自身的营业收入、成本费用、利润总额等应该达到的水平，并详细地列出制定目标时的设想和意图、为达到目标所采取的方法与措施，以及应对潜在风险的对策，从而减少经营风险与财务风险。

在预算绩效目标设定过程中应遵循以下原则。

（一）系统性原则

企业绩效管理方案始终为公司战略提供强有力的支持，如执行产品战略时，应适当调整创新项目的综合考评占比，以引导企业在项目执行过程中注重产品创新，在完成当年业绩目标的同时拓宽产品线，支持公司产品战略发展目标；倡导进行核心原料开发与推广时，应针对企业绩效方案提高对应产品的项目奖励，引导项目工作人员加大核心原料的应用研究，为核心原料的开发提供上线数据以及前端市场反馈，为企业纵向上游原料延伸战略提供强有力的支持。系统性的考量企业预算绩效，既要关注业绩指标的达成情况，也要关注员工个人能力发展与潜力评估，通过绩效管理发挥公司平台作用，让公司战略与个人发展产生协同共振效应，达成双赢。

（二）时效性原则

绩效管理是一个完整绩效周期内的管理过程，具有时效性。绩效管理方案实施过程中，要按照当期考核指标进行考核与反馈。项目考核尤其需要注意时效问题，项目中多存在长期项目跨越考核周期的情况，如基础研究、品类发展研究、产品线管理等工作均为长期研究课题，在进行该类项目成果评价时，应注意历史项目成果不能影响当期项目考核评价，企业中某个项目的突出成绩不能弥补未完成项目绩效。所有的目标在设定时应注意时效性，应在合理的时间内及时完成，任何脱离时间期限完成的绩效目标是没有意义和价值的。

（三）激励性原则

企业绩效目标的优化，重在发挥激励先进、鞭策后进的作用。在进行预算绩效目标设计时，无论职级高低做到一视同仁、循规办事，考核标准要充分调动企业成员的参与，通过充分协商和讨论完成，标准制定后要做到及时公开，让考核人员参与到绩效目标的建设中来，全面客观地了解绩效目标从而更好地执行绩效管理，塑造奖优罚劣的绩效文化，引导员工通过更好地为公司战略目标服务来完成个人价值的实现，通过提升个人绩效水平与公司发展战略同频共振，完成个人能力发展的同时实现公司战略目标。

（四）可衡量性原则

绩效目标的表述应是细化、客观、直接的，验证绩效目标需要能够取得相应的信息。绩效目标能够通过投入和付出而实现，不应设置不切实际的绩效目标。预算绩效目标作为预算绩效管理的首要环节，是预算申报环节中不可或缺的必要内容。绩效指标体系应充分反映出绩效目标预计实现效果的衡量标准，是绩效目标管理的具体手段及重要方式。

三、预算绩效目标设定的标准

（一）经济性

经济性是指在企业的经营活动中，以低成本获取企业的产品和服务，衡量资源使用的合理性。

（二）效率性

企业谋求成本效益最大化，即谋求在一定的成本投入水平下支出更为合理、高效，最大程度发挥经济效益。

（三）效益性

效益性反映的是投入资金的产出完成企业预期目标的程度，也是预算资金发挥经济效益的最终诉求。

（四）公平性

公平性是指对各部门绩效目标进行设定时，不掺杂个人情感，相关职能人员承担着应有的责任，享受其应有的权益。

（五）生态性

企业在生产经营活动中遇到实际或潜在的环境问题时，为确保经济的可持续发展，必须协调与环境的关系。

四、预算绩效目标的内容

企业预算绩效目标的内容应当包括投入、管理、产出和效益四个方面，贯穿资金管理的各个环节。投入指标反映的是资金安排；管理指标反映的是管理制度的健全性和资金使用的合规性；产出指标反映的是产品和服务情况对预期目标计划的完成情况；效益指标反映的是预算支出预期结果的实现程度和影响，与既定效益目标相关。具体指标解释如下。

（一）投入

投入指标主要包括项目立项和资金投入两方面。

根据企业资金的特点，项目立项指标可以从项目立项规范性和绩效目标明确性两个方面来设定。其中，项目立项规范性是考虑项目前期的手续和申报程序上的完整性、合规性，即在事前经过可行性研究，在集体决策的前提下，按照规章制度提交相关材料和文件，申请项目立项；绩效目标明确性，要求绩效目标具体、清晰、可衡量，服从于企业的整体战略规划。

资金投入指标可以从资金到位率和资金到位及时率两个方面来衡量。其中，资金到位率保障了实施项目总体的可行度，企业的预算资金能否按计划数到位，体现了企业资金的落实情况。资金到位率=（实际到位资金/计划投入资金）×100%，资金到位及时率=（按时到位资金/应到位资金）×100%。

（二）管理

管理指标主要包括资金业务管理和财务管理两个方面。资金的业务管理指标主要涉及项目的完工准时性和项目进度可控性两个方面。项目的完工准时性，主要是指落实相关规章制度的前提下，能够按时完成项目。项目进度可控性，是指控制好项目实施进度，及时跟进项目进度变化情况，按时完成项目计划工期完成率。财务管理指标，主要涉及健全管理制度、资金使用合规性和明确财务指标三个方面。其中，健全管理制度是指项目单位有按照相关法律法规和相关管理制度制定的资金管理办法；资金使用合规性是指项目资金按照相关规定使用，资金拨付的审批程序完整、手续健全，资金的使用符合预算要求和合同规定的用途，提高资金利用率；明确财务指标，是指根据项目资金的时效性，设定项目财务指标，建立有效的财务监控机制。

（三）产出

产出是指资金投入后，项目的输出成果，是判断项目立项合理性的重要参考，可以从数量指标、质量指标和成本指标三方面进行衡量。数量指标是项目进度的重要参考指标，如实际完成率和完成及时率；质量指标是评价项目质量的重要参考指标，如项目优良率和质量达标率；成本指标是项目建设期总投资评价的重要参考指标，如成本节约率和固定资产转化率。

（四）效益

效益是指投入项目对企业和社会的影响，可以从经济效益、社会效益和可持续发展效益三个方面对项目的效益进行论述。其中，经济效益，是指项目实施所产生的可衡量的经济效果，具体可设置投资回收率、效益费用比等指标；社会效益，是指实施项目过程中对社会发展产生的影响，具体可设置新增就业指数、劳动生产贡献度等指标；可持续发展效益，主要包括项目实施对周围环境影响的可持续性和项目自身的可持续性两个方面，具体可通过项目对当地的社会、经济和环境的影响程度以及项目自身的管理规模进行指标设置。

五、预算绩效目标设定步骤

预算绩效目标设定步骤的设计是鼓励员工参与，激发其创造性和能动性，而非单纯地下达目标，尤其是针对企业中的知识型员工，组织和部门目标更是他们绩效目标形成的基础。在企业发展和转型进程中，要将其整体战略目标和对部门的要求进行充分结合，有效分解绩效计划和战略目标并最终落实到个人对应的岗位。

（一）预算绩效目标设定的具体步骤

预算绩效目标设定的具体步骤如图4-1所示。

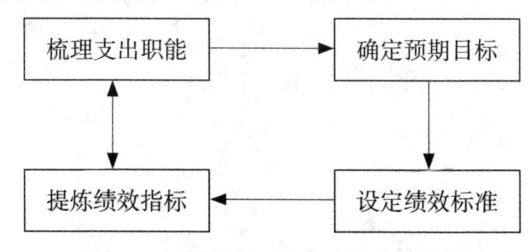

图4-1 预算绩效目标设定的具体步骤

（二）设定预算绩效指标实例——以SP公司为例

企业预算绩效目标要根据企业自身的发展情况和区域发展形势，结合政府政策等来设定。

1. 确定公司的战略目标

分析SP公司的内外部战略环境，分析国内外行业发展情况、行业内标杆企业的发展战略以及发展路径，结合公司近五年的运营状况、销售状况、产品研发、人力资源状况等因素，公司领导层确定了SP公司未来1年四个方面的经营目标，分别是持续盈利、强塑队伍、提升管理和聚焦创新。

（1）持续盈利

明确公司的年销售额要达到XX万元，年净利润XX万元，年增长率到达8%以上，公司成为食品配料全程服务第一品牌。

（2）强塑队伍

吸引国内外一流食品学科高校人才、同行业技术专家，留住公司内部高发展潜力的人才，切实搭建引进、培养、深造的人才梯队渠道；积极与国内外高校、研究机构进行合作研究；加强外部培训交流与学习，多方面、多渠道引入外部智囊团，用最前沿的发展滋养内部人才成长、产品转化。

（3）提升管理

切实加强公司内部管理，以内部增效拉动公司专业品牌建设。坚持以客户需求为中心，以企业发展为重点，进行业务系统的资源优化与配置；精简内部运营流程，针对客户反馈做出快速回应，提升企业服务质量与水平；针对业务、运营和生产体系实施差异化的薪酬与激励措施；加强目标管理与绩效文化建设，做到奖励先进、鞭策落后，实现公司降本增效的同时着力提升行业品牌影响力。

（4）聚焦创新

大力推进创新产品研发、品类拓展，推动核心原料的开发与应用，扩大客户群体，提升公司由单一乳制品研发到综合型食品研发企业转型升级的速度，实现企业横向品类拓展、纵向产业链延伸的战略目标。

2. 确定公司级绩效指标

（1）财务层面

平衡计分卡的财务层面是数字化关键指标的核心体现。SP公司是一家以产品研发为主、为客户提供整体解决方案的高新技术企业，在消费品行业尤其是食品消费增速较高的行业环境下，SP公司首先提出深耕国内市场、扩大内需以提高销售额，将实现利润增长作为主要财务指标，其次在扩大销售的同时提升内部运营效率，综合降低运营成本，全面提高盈利能力。因此，确定的财务层面公司级绩效指标分别为主营业务毛利率、提高销售额、降低成本费用金额。

（2）客户层面

客户层面是直接关系企业盈利的一个重要方面。只有对目标市场进行精准分析才能明确公司级对外的经营策略，才能进一步确认公司级客户层面的关键指标。SP公司以国内大中型食品生产企业为目标客户群体，以乳制品生产业务为近3年市场核心，以肉制品、调味料、烘焙生产业务为市场拓展目标，以期利用核心原料的创新应用建立技术壁垒，拉动业务增长，达到持续盈利、品牌影响力提升的战略目标。这一目标也就要求SP公司必须在保有目前乳制品市场占有率的基础上，开拓异业品类客户，提高客户对于SP公司的原料产品、技术创新、市场服务的满意度，提高客户对SP公司的专业认可度，基于以上分析，客户层面公司级绩效指标有增加新业务、维护老业务、增强品牌影响力、发展客户伙伴关系。

（3）内部流程层面

内部流程层面是公司战略目标达成所需采取的管理措施，重点关注内部运营的关键流程节点以及事件。为支持财务层面、客户层面的指标达成，SP公司内部应加强营销、研发、质量及运营四大系统流程优化与管理。营销方面，加强市场管理、客户管理，进一步加强市场调研、CRM（客户关系管理）信息化建设；研发方面要加强业务管理、产品管理与创新管理，优化产品线，建立主推产品技术货架；质量方面应加强体系建设、质量安全管理，实行大质量观，实现从产品质量向运营质量、管理质量的跨越发展；运营方面，要加强采购与库存管理，提高资金利用率，提升运营效率，加强生产质量把控，提升生产效率。综上所述，确定的内部流程层面公司级绩效指标有产品供应时效性、客户服务能力、产品研发与应用能力、质量管理水平、库存管理水平等。

（4）学习与成长层面

学习与成长层面是战略目标实现的资源基础，是决定未来战略实现的可持续发展能力，关系到员工能力发展、职业生涯规划以及公司组织发展的核心潜力。在这个层面，SP公司的战略主题是建设以奋斗者为本的企业文化。一方面，做好高阶人才建设与关键人才保留与培育工作，增强招聘能力，满足人才梯队建设需求。另一方面，加强内部OA（办公自动化）系统、CRM（企业资源计划）系统、ERP系统的信息化应用，提升信息化、数字化管理水平，科学引入国内外标杆企业的经验和做法，提升员工满意度。此层面公司级绩效指标有保留核心员工、精进员工专业能力、加快信息化建设、客户导向企业文化建设、收入与绩效挂钩、员工关系建设和共享最佳实践。

3. 确定部门绩效指标

（1）财务层面

财务层面目标是提升销售收入、保持高毛利水平、降低费用，绩效指标为销售收入、销售增长率、主营业务毛利率、费销比、费用控制率等。

（2）客户层面

直接将公司级客户层面指标进行二级分解，即可得到部门客户层面指标，分别为增加新业务数量以及销售额、增加维护业务数量以及销售额、提高宣传力度、加强企业行业影响力、发展和维护客户伙伴关系。

（3）内部流程层面

企业由销售、市场和研发三个部门组成，也就形成了企业的三大职能，分别是客户管理、市场管理和产品管理。因此在设置内部流程层面项目绩效指标时，主要承接的是产品供应时效、客户服务能力、产品研发与应用能力。

（4）学习与成长层面

依据每年度SP公司的组织诊断、人才盘点与潜力评估基础数据，明确公司级、部门级的学习与成长计划，对应设置了学习与成长层面的绩效指标，其中除了较为常规的核心员工保留率以及任职资格达标率之外，还设置了人均培训时间、团队分享两个指标。鉴于企业中销售、市场和研发三个方面专业不同且专业程度较高，团队分享能够更好地实现部门内部以及各部门之间的经验分享与交流，有利于同类问题的集中研发与解决。

4. 确定部门人员绩效指标

根据企业绩效考核指标，按照各个部门不同的客户情况、同比环比数据进行分解，将部门的绩效考核指标分解至7个项目小组，分别是A、B、C、D、E、F、G项目，由于各个项目的历史数据与发展情况不同，以A项目为例进行说明。

（1）销售人员绩效指标

应当牢记绩效管理的目标是实现企业目标，绩效管理体系中的计划、考核、沟通、反馈及结果都应当符合营销人员绩效的完成，以实现企业的整体目标。因此，财务层面设定公司维护业务销售额、新业务销售额、创新业务销售额、原料销售额为关键绩效指标；客户层面设置增加新产品业务数量、增加新产品业务销售额、增加维护业务销售额、国际展会参展、举办RDD（数据集合）研究论坛、客户标杆考察、客户满意度7个关键绩效指标；内部流程层面设置了客诉处理及时性、新产品企业达成、新产品市场服务、新产品开发数量、新产品成功率5个关键绩效指标；学习与成长层面设置人才流失率、胜岗率、人均培训时长、团队经验分享次数作为关键绩效指标。

（2）市场人员绩效指标

市场人员主要工作职责是做好市场洞察、行业分析、创新推荐、产品线管理等工作，为所在项目提供产品设计、创新管理与竞争力提炼服务，在绩效指标设置方面主要聚焦到项目客户、内部流程和学习与成长层面，结合市场人员在项目中的定位，设置对应的关键绩效目标。

（3）研发人员绩效指标

研发人员主要工作职责是产品开发、技术应用、产品创新以及品类管理，为企业做好技术应用支持与产品实现等方面的工作，在绩效指标设置方面主要聚焦到客户、内部流程和学习与成长层面，结合研发人员在项目中的定位，设置对应层面的关键绩效指标。

（三）设置预算绩效指标权重值

1. 统计平均法

这是根据所选择的各位专家对各项评价指标所赋予的相对重要性系数分别求其算术平均值，计算出的平均数作为各项指标的权重。经过确定专家、专家初评、回收专家意见、计算各项指标权重的平均数四个步骤完成。

2. 变异系数法

这是直接利用各项指标所包含的信息，通过计算得到指标的权重。此方法的基本做法是：在评价指标体系中，指标取值差异越大的指标，也就是越难以实现的指标，更能反映被评价项目的差距。

3. 层次分析法——SP 公司为例

层次分析法主要分为四个步骤，建立判断矩阵、进行赋值比较、列向量计算与一致性检验。假设共有 n 个绩效指标参与比较，首先构建判断矩阵 $A=(a_{ij})n \times n$；其次对第 i 个绩效指标和第 j 个绩效指标进行比较，参照表4-1所示，用数字1到9对 a_{ij} 进行赋值，确定判断矩阵；然后进行规范列平均法计算，确认权重向量；最后对权重向量进行一致性检验，一致性比率小于0.1即视为通过检验。

表4-1　九级比率度

标度（a_{ij}）	标度说明
$a_{ij}=1$	第 i 个元素与第 j 个元素对上一层次因素的重要性相同
$a_{ij}=3$	第 i 个元素比第 j 个元素略重要
$a_{ij}=5$	第 i 个元素比第 j 个元素重要
$a_{ij}=7$	第 i 个元素比第 j 个元素重要得多
$a_{ij}=9$	第 i 个元素比第 j 个元素极其重要
$a_{ij}=2n, n=1, 2, 3, 4, \cdots$	第 i 个元素比第 j 个元素的重要性介于 $a_{ij}=2n-1$ 和 $a_{ij}=2n+1$ 之间
$a_{ij}=1/n, n=1, 2, 3, 4, \cdots$	当且仅当 $a_{ij}=n$

（1）确定一级指标权重

指标权重集中体现了绩效的重要程度，是贯彻战略的数字化体现，不仅需要对指标理解全面客观，还要具备专业的人力资源背景，本次指标权重设置由3名人力资源专家和7名项目代表组成，涵盖了各个项目的不同岗位成员，由这10名成员确定成对绩效指标矩阵，通过充分讨论判断，得到判断矩阵如表4-2所示。

表4-2 一级指标比较矩阵

层面	财务层面1	客户层面1	内部流程层面1	学习与成长层面1
财务层面1	1	2	3	4
客户层面1	1/2	1	1/2	1
内部流程层面1	1/3	2	1	2
学习与成长层面1	1/4	1	1/2	1

则对应的比较矩阵为（以下为简化计算法）：

$$A = \begin{Bmatrix} 1 & 2 & 3 & 4 \\ 1/2 & 1 & 1/2 & 1 \\ 1/3 & 2 & 1 & 2 \\ 1/4 & 1 & 1/2 & 1 \end{Bmatrix} \rightarrow \begin{Bmatrix} 0.48 & 0.333 & 0.6 & 0.5 \\ 0.24 & 0.167 & 0.1 & 0.125 \\ 0.16 & 0.333 & 0.2 & 0.25 \\ 0.12 & 0.167 & 0.1 & 0.125 \end{Bmatrix}$$

归一化处理：

$$W = \begin{Bmatrix} 0.478 \\ 0.158 \\ 0.236 \\ 0.128 \end{Bmatrix} \rightarrow AW = \begin{Bmatrix} 2.014 \\ 0.643 \\ 0.967 \\ 0.524 \end{Bmatrix}$$

根据 $AW=\lambda W$

λ = [（2.014/0.478）+（0.643/0.158）+（0.967/0.236）+（0.524/0.128）] /4
=4.119

CI=（λ-n）/（n-1）=0.0397，查表4-3得知 RI 对应0.90。

表4-3 RI 的常见取值

阶数	3	4	5	6	7	8	9	10
RI值	0.58	0.90	1.12	1.24	1.32	1.41	1.45	1.49

$CR=CI/RI$=0.044＜0.1，通过一致性检验。

对应权重保留整数百分比，则一级指标权重分别为财务48%、客户24%、内部流程16%、学习与成长12%。

（2）确定二级指标权重

参照一级指标权重的确立步骤，对二级指标的权重按照不同岗位利用层次分析法分别进行计算，然后在依照同一岗位的平衡计分卡的四个方面进行归一计算，最终得到二级指标权重。省略计算方法，销售、市场、研发的四个层面的权重比例如表 4-4 所示。

表 4-4　各岗位绩效指标权重

成员	财务 /%	客户 /%	内部运营 /%	学习成长 /%
销售	60	24	9	7
市场	40	28	20	12
研发	42	21	21	16

（四）优化目标设定

1. 优化目标编制环节

首先，绩效管理部门应从产出指标、效益指标、满意度指标三方面对各预算部门再次规范填报要求，预算部门应根据各预算特征，编制科学合理、细化、量化的绩效目标，如编制中期目标时注重产出指标，而在编制年度目标时更注重效益指标与满意度指标等。

其次，绩效指标体系应注重各指标之间的联系性，不仅需要关注于预算支出本身，更要注重支出所产生的连带效益，提升指标体系科学化。

最后，绩效目标的确定与编制工作不能依赖于预算部门的财务人员，而应由中各业务部门人员共同承担与负责。

2. 优化目标审核环节

绩效管理部门应根据管理办法与文件制度，将绩效理论融合于实践经验，加大对绩效目标的审核范围与力度。在审核过程中，细化、量化目标审核表内的各要点，明确等级标准，并填写相应的审核凭据及意见，做到审核结果有依据。同时，可邀请第三方中介机构与专家共同开展绩效目标审核工作，不仅能够使巨大工作量有所分担，将绩效目标进行全覆盖式审核，也能使绩效目标更科学与合理。

第二节　预算绩效目标审核

一、审核的内容

（一）完整性

这主要指预算绩效目标应当包括投入、过程、产出和效果方面的内容。产出和效果方面的绩效目标是资金投入的成果，应当成为财务部门审核的要点，而过程层面的绩效目标则是产出和效果顺利实现的保障。

（二）相关性

这是指预算绩效目标是否与本企业的主要职责相关，是否与本企业中长期战略规划有关，是否与企业的年度重点工作相关。预算绩效目标若不能证明与以上几点密切相关，则不能说明其立项的合理性。

（三）适当性

这是指绩效目标的设定是否正常合理，既不能提出过高的绩效目标，也不能提出过低的绩效目标。

（四）可行性

这是指绩效目标是否经过充分论证和合理测算；所采取的措施是否切实可行，并能确保绩效目标如期实现。相关部门要综合考虑成本效益，决定是否有必要安排资金。

二、审核的方式

企业预算绩效的目标设置是否科学、完整、规范，定量指标是否易于收集监控，定性指标描述是否全面具体，需要经过严格的审核。一般来说，在企业预算执行过程中由上级主管部门及财务部门进行管理监督，对于重大项目，其绩效目标必要时可以进行第三方审核，可以由在本领域有专门研究的专家学者、社会中介机构、相关部门工作人员等对项目预算绩效目标提出意见，保证目标审核的客观性和透明性，以利于提高公众的满意度。

绩效目标的审核一般分为两个层次。一是预算管理部门的审核。业务部门将预算管理部门审核通过的绩效目标进行定性和量化，可进入下一步预算编制流程，对于不符合相关要求的绩效目标，预算管理部门可要求业务部门进行调整、修改。审核的主要依据是企业的总体发展战略规划；当年重点工作安排；部门发展规划；当年资金预算支出的结构和重点方向；当年资金的预计安排情况等。对于已纳入绩效管理范围的资金和项目，必须按规定设定绩效目标，否则不予安排预算。二是业务部门的审核。由业务部门对其所预算的项目的绩效目标进行审核，审核要求基本符合财务部门的审核要求，并先于财务部门的审核之前。

第三节　预算绩效目标批复

预算绩效目标经预算管理部门审核通过之后，会统一下发给相关业务部门，批复的绩效目标应当是清晰可行的、科学量化的，方便在日后预算执行时的绩效监控和预算项目完成后的绩效评价的对照比较。绩效目标批复包括预算管理部门批复和业务部门批复。预算管理部门编制批复说明，以规范格式将审核确认的绩效目标和绩效评价项目批复给业务部门，提出接下来的工作要求；业务部门根据已经批复的绩效目标，在规定时间内进行细化，提出相关工作要求。

经批准后的绩效目标，一般不予调整，但在具体实施过程中，如遇特殊情况，确实需要修改的，应按照规定程序进行报批，并在预算管理部门审核备案。

具体的批复步骤为，预算实施项目设定绩效目标以后实行逐级上报，业务部门进行审核，然后提交预算管理部门审核，经过业务部门审核和预算管理部门审核以后进行审核定级，被评定为中级的目标重新设定目标，被评定为差级的目标不予安排预算，只有评定为优、良级别的目标才能进行预算安排，确定预算控制数，报财务部门审批，这样目标就随着预算下达分解，接着由业务部门批复绩效目标，组织就开始预算编制、有效跟踪监控，进行绩效评价。这个过程如图 4-2 所示。

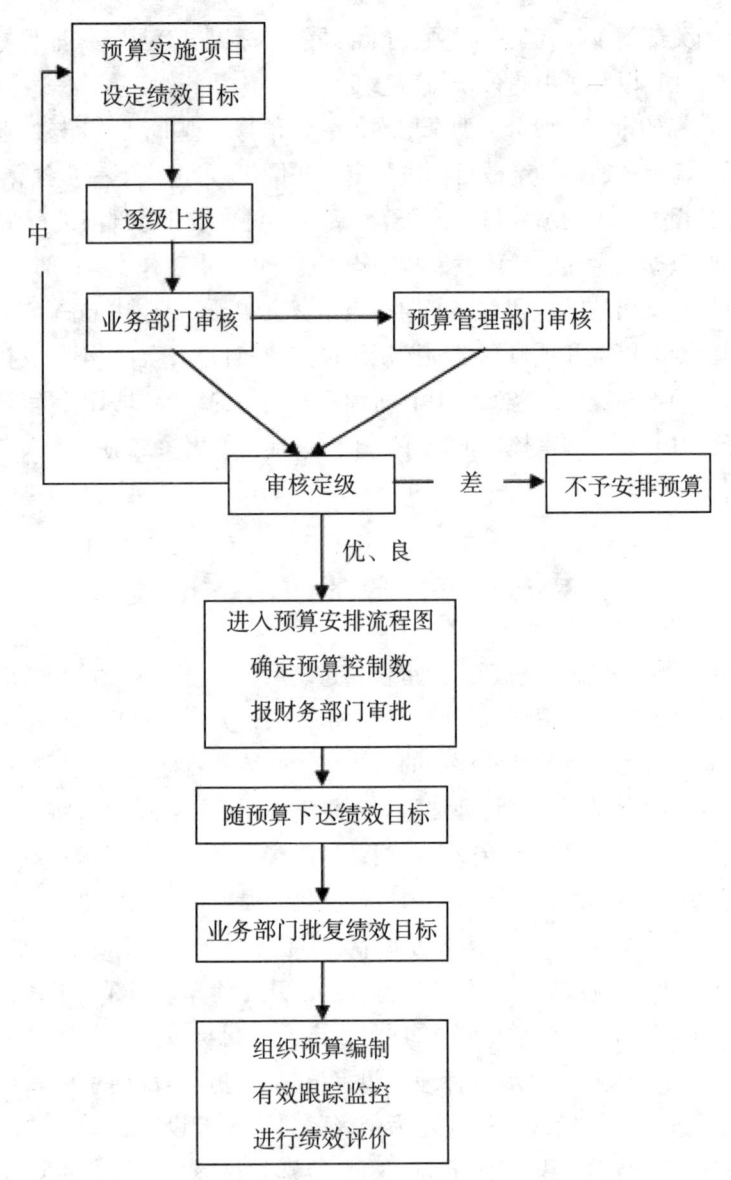

图 4-2 预算绩效目标批复流程图

第五章　企业预算绩效运行监控管理

企业进行预算绩效运行监控管理，是为了便于动态了解企业各种预算及其绩效目标的执行情况，解决预算绩效运行中的问题，不断优化监控的效率和效果，从而提高绩效运行监控的效率，推进企业预算绩效目标的实现。本章分为预算绩效运行监控概述、预算绩效运行监控环节、预算绩效运行监控实践三个部分。主要内容包括：预算绩效运行监控内容、预算绩效运行监控目的、预算绩效运行监控原则、预算绩效运行监控方法、预算绩效运行监控意义、预算绩效运行监控布置环节等。

第一节　预算绩效运行监控概述

一、预算绩效运行监控内容

预算绩效运行监控是指在整个绩效周期内，企业适时提供资源支持、沟通协调，解决企业实际工作中遇到的各种问题，帮助企业顺利完成绩效计划。绩效监控是承上启下的一个连续过程，承接绩效计划，为绩效评价提供依据，是持续时间最长的环节。主要监控企业各个阶段性目标完成情况；是否在既定绩效计划方案下执行；实际工作内容能否支持绩效目标实现；企业应对客户需求、市场形势的变化情况；如遇变动情况较大，是否需要调整绩效计划，如需调整，企业应及时跟进沟通调整情况，确认调整后的绩效计划，新增、删减或调整的内容应及时向企业全体成员进行公示，确保企业预算绩效管理方案的有序实施。

二、预算绩效运行监控目的

预算绩效运行监控是企业管理人员定期追踪企业计划执行情况，以提供必要的帮助与支持，保障绩效目标的达成工具。追踪企业计划执行情况，一方面关注企业实施过程中遇到的问题以及变化情况，适时提供资源支持；另一方面关注执行情况与绩效计划的匹配程度，确保各个项目的工作内容没有偏离绩效目标，如有偏差应及时采取纠偏措施。

三、预算绩效运行监控原则

绩效运行监控作为一项改进督促方式，贯穿预算绩效管理的始终。绩效运行监控以明确的绩效目标为前提，通过动态采集数据信息的方式，对目标完成情况进行实时监督，通过科学的分析判断，系统反映预算支出情况及目标实现情况，在及时纠错、实时改进方面有显著效果，能有效保障按时达成既定绩效目标。

绩效运行监控对象可以分为企业支出绩效运行监控及政策绩效运行监控，企业开展绩效监控运行工作重点把握三大原则。

一是注重核心指标的管理。从全部指标中选取出能全面反映政策或企业特点的关键指标进行重点监控，形成绩效运行监控思路。

二是注重案例分析与实地调研。在广泛收集政策或企业的相关资料的基础上，赴现场及时开展调查研究，收集第一手资料。

三是客观资料采集和预算、评估相结合。绩效运行监控的范围涵盖了绩效目标能否按期实现，预算支出是否合理等内容。对监控中发现的问题，企业应当及时地进行整改纠错，保障不影响绩效目标的实现。此外，应强化对运行监控结果的运用，对在监控中发现严重问题的项目或政策，必要时应暂缓甚至停止拨款，直至其整改完毕。各部门要通过强化预算执行监控的方式节约资金，提升预算管理效能。

四、预算绩效运行监控方法

（一）月度分析

依照绩效责任书以及年度行动计划，企业每月5日收集一次企业月度分析报告，各项目负责人以书面报告的方式向企业管理委员会进行汇报，汇报内容包含本月绩效目标、绩效计划、实际完成情况、未完成情况说明、弥补措施及所需的资源支持。企业管理委员会将汇报内容详细记录，给出书面记录与反馈文件至各个项目，一方面持续跟进督办未完成事宜，直至完成；另一方面汇总需要解决的问题、需要的资源支持，反馈解决问题的可行性办法、建议，及时提供资源支持，所有后续跟进情况列入下个月的项目汇报。各个项目如有重大变动、突发事项等特殊情况，可随时进行专项汇报。

（二）季度分析

利用每季度末月第 4 周召开的项目分析会，以项目月度分析报告及月度反馈书面文件为基础，企业管理委员会与全体项目成员进行面对面交流，重点研讨未达到绩效预期目标的解决方案，由各个项目管理人员进行经验分享和意见反馈。企业管理委员会进行详细记录，形成总结报告，同项目月度分析报告一并形成季度档案，针对反馈的意见经过研讨形成具体措施，应用到下一季度绩效管理过程中，并于下一季度分析会时进行改进措施有效性评价。

（三）约谈

约谈一般基于四种情况：项目进展不顺、项目重大变动、工作状态不佳和季度例行约谈。在整个绩效管理方案实施过程中，企业副总、企业管理委员会可约谈某项目管理人员或某个成员，针对约谈目的进行沟通。各个项目以及成员如需进行约谈沟通，也可主动向企业管理委员会或某位管理成员提出约谈申请，企业管理委员会应于 3 日内安排完成约谈工作。所有约谈重点内容经沟通得到双方认可后，方可形成书面记录，列入项目档案。

五、预算绩效运行监控意义

（一）促进绩效目标的实现

1. 及时发现并纠正偏差

预算绩效运行监控可以方便预算绩效管理部门和实施部门自下而上逐级汇总分析，迅速准确定位出现偏差的环节和部门，找出导致绩效运行偏离目标的症结，采取有针对性的有效措施予以纠正或及时停止显著出现管理风险的项目。

2. 完善预算绩效管理关键环节

利用层层递进的绩效运行监控报告模式，进一步揭示各部门、各环节在预算绩效管理体系中的功能和作用，从而识别和判断工作中的关键环节，突出工作重点，优化预算绩效管理的业务流程，在对原来管理过程的各个方面、各个环节进行全面调查研究和细致分析的基础上，对其中不合理、不必要的环节进行彻底的变革，重新设计和安排预算管理部门的管理业务过程，使之更趋向于合理化，最大限度地实现技术上的功能集成和管理上的职能集成，大幅度提高预算绩效管理的效率。

3. 促进部门内部协调配合

通过持续反复的绩效运行分析，加深项目参与者对既定绩效目标的理解，提高对当前工作性质的认识，增进彼此的沟通和交流，统一思想，形成合力，有利于逐步形成一种绩效理念和绩效文化。

（二）改进实现绩效目标的路径

在预算执行过程中需要利用实时的绩效运行监控信息进行必要的修正和调整，寻找实现绩效目标的更优路径。

1. 优化预算绩效计划

一般而言，计划越明确，对工作的顺利开展和指导下属工作越有利，但是具体性计划在周围环境变化时，所要求的明确指标和条件不一定会灵活变化，会出现弹性不足的缺点。按照绩效目标的要求，利用绩效运行监控信息可以对预算执行过程中的工作质量、耗费时间和成本等内容逐一进行分析，查找执行中的不足，进一步完善计划，提高工作效率。

2. 设计新的预算绩效计划

通过绩效运行监控，可以分析内外部环境的变化，设计新的预算绩效计划，预测和权衡新旧计划之间的优劣，不断寻找实现绩效目标的更优路径。

（三）加强预算的执行管理

通过绩效运行分析，可以督促加快预算执行进度，减少不合理支出，规范企业结余资金管理。

1. 开展预算执行进度分析

通过绩效运行监控报告对前期工作的总结，反映预算绩效计划的执行进度，为财务部门判断预算执行进度的合理性提供依据，提高预算执行的均衡性。

2. 作为用款计划下达的依据

基于绩效运行监控报告对后期工作的预测，帮助财务部门合理估计部门支出需求，发挥用款计划的管理作用，减少部门的不合理支出，停止对预期无绩效项目的拨款等。

第二节　预算绩效运行监控环节

一、预算绩效运行监控布置环节

为确保预算绩效管理成果与制定的管理目标相一致，需要在预算管理周期内加强对企业资金使用等预算情况进行监控，加强对内部部门、员工的管理，同时对预算绩效运行实施布置和监控。

（一）预算监控

①提高预算监控的灵活性。市场、政策等外部因素的变化影响着公司业务的开展，在预算监控中增加灵活性，应外部环境及内部资源变化特征调整预算，可以提高业务准确性。

②实施滚动预测预算。企业根据当前经营现状实施滚动预测和预算，对下一个季度进行预算预测，同时监控每个季度实际支出与预算之间的落差，为下一季度预算调整提供参考。滚动预测可以更好地使预算与既定计划保持一致，在实现监控的同时提高预测的准确性。

③建立内部沟通机制。与所有部门保持开放的沟通渠道，以最大限度地减少不必要的支出并确保公司的实际经营成本与预算策略保持大体一致。预算的不同部分可能由不同的人员控制，因此最好分配和授权直接参与人员，例如，预算审批人和预算经理，应使部门或团队了解负责控制收入和支出的人员。

④完善收支记录。收入和支出的记录可以手动或电子方式完成。记录必须及时且每天进行。所有与收入、支出以及债务等相关的账目都必须清楚地注明日期和目的等详细信息。

（二）内控管理

①建立内控制度。内控制度为内部控制提供了基础，确定组织的完整性和道德价值；使董事会能够履行其治理监督职责，确定组织结构以及权限和内部职责分工。职责分工是基本的关键内部控制，也是最难实现的控制环节之一，它用于确保员工在正常业务过程中及时发现或防止错误或不正常情况。职责分工有利于杜绝职责混乱，并且更容易察觉员工在执行日常活动的过程中执行和隐藏错误或违规行为。

②识别可能存在的风险。为了正确管理风险，必须先识别它们，一旦确定了风险，就应分析其可能产生的影响。风险分析通常包括评估风险的重要性、评估其发生的可能性，以及决定如何管理风险和应采取的措施。

③为员工提供足够的培训机会。员工应接受适当的培训，才能更好地履行其职责。重要的是应该将培训视为一个持续的过程，并定期评估员工的培训效果，同时考虑企业业务流程、技术、新法律和法规等方面的变化，调整内控管理方案。

二、预算绩效运行监控实施环节

实施环节即过程管理环节，是为了通过更高频及实时的沟通和反馈来帮助上层深入了解员工的工作状态，提供更有效的指导，帮助员工把握方向，促进员工快速成长。在围绕目标展开工作的过程中，重在加强沟通与回顾。其主要目的是对设定的目标进行检查以避免出现方向性的偏差，甚至是不能如期完成的情况。在此过程中，各团队和部门经理都要和员工保持及时的沟通，判断是否可给予员工相关资源的支持等。

①动态监控绩效的执行，督促偏离时间进度的预算项目及时开工，实时监控项目进展情况。

②动态监控预算资金运行状况，及时采集资金拨付使用信息，加快资金支出进度，保证预算项目实施的资金需要。

③动态监控绩效目标完成情况，通过动态监控绩效预算运行，保证绩效预算目标的如期实现。

④当预算项目收到相关文件后，要严格按照文件的有关规定，认真对项目进行跟踪，确保项目按既定目标执行。

三、预算绩效运行监控结果

预算绩效运行监控作为预算绩效管理的重要环节,是预算绩效目标实现的重要保障。预算绩效运行监控结果,必须能够有效运用,才可以发挥监控的作用。预算绩效运行监控结果至少应在保障预算项目顺利运行、预算绩效运行后续调整以及为今后预算绩效管理活动提供借鉴等环节发挥重要作用。

在此,需要落实两次绩效面谈,其中包括目标实操中系统所记录的事实依据,并参照同事的真实反馈,对其所取得的成绩肯定和赞许,认可个人的特殊贡献和成长,也同时指出其需要提升的能力和需改进的行为,淡化排名且不与奖金直接挂钩,给予以员工发展为导向的肯定和激励。

第三节 预算绩效运行监控实践

一、运行监控跟踪

为及时掌握企业预算的执行情况,推动预算绩效管理工作顺利进行,保障绩效目标按期完成,我们可以在时间维度和空间维度共同努力,对预算绩效管理工作全程进行跟踪管理,具体模式如图 5-1 所示。

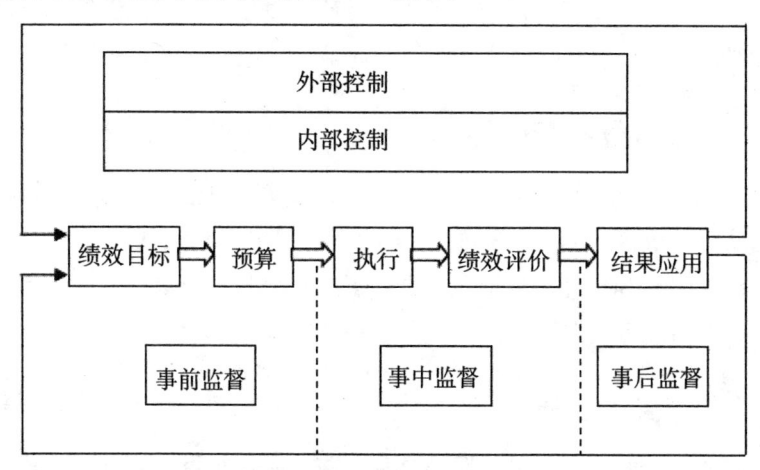

图 5-1 企业预算绩效运行跟踪管理流程

在空间上,要促进内部监控与外部监控形成合力。在内部监控方面,企业预算绩效管理的跟踪管理过程是企业与资金受益者不断交流沟通的过程,在企业运营过程中要以绩效目标为依据，以进程跟踪、资料抽查、数据复查等方式，跟踪企业实施进度，对于收集到的第一手数据要进行深入的分析，及时跟进整理，保证预算资金在执行时与最初设计的预算目标不出现大的偏离。对外部监控而言，对预算执行项目的反馈信息不能偏听偏信，可以强化企业各个部门的联合监督，使项目运行全过程接受民主、公正的监督，减少信息不对称，增加绩效信息的公开透明。

从时间上，要完善事前、事中、事后相结合的监管网络。在项目预算实施前重点甄别项目的合规性。事中监督主要是定期监督项目是否按预期进度推进，预算资金是否准确及时下发，保证绩效目标顺利达成。由于企业的投入预期会产生较长远的影响，所以在预算绩效跟踪管理的过程中，也需要关注其可持续影响，对投入的资金是否发挥应有的作用进行长期的跟踪评价。同时，事后监督也包括企业内外对项目的评价，评价结果的反馈、公开、应用等。

另外，要确定企业的投入在多大程度上实现了预期绩效，既要关注资金投入后达成允诺目标的情况，更要关注为兑现该目标所付出的总成本和项目成本。因此，在预算绩效跟踪管理过程中，要逐步实现有关资金运行情况和绩效目标实现程度的双监控模式，在关注资金支出之外，也要尽可能地聚焦项目实施对未来产出的影响，以及当内外部环境改变后，项目实施会受什么程度的影响，及时纠正可能的偏差状态。在预算绩效运行监控跟踪过程中结合时间和空间两方面综合管理，同时兼顾资金与项目双监控，可以为准确衡量项目收益提供保障，也能有效消除预算绩效管理监督盲区，有利于提高企业预算绩效管理专业化程度。

二、开展绩效运行监控

依据确定的跟踪目标，对项目进行调研，收集项目信息，确定项目跟踪值及跟踪期内实际完成值，填制"绩效运行监控表（绩效目标实现情况及纠偏表）"。根据项目进展过程和预算执行情况，进行案头跟踪和实地跟踪，采集案头数据和实地数据，两者形成对照补充。

三、进行偏差分析

确认好每一个指标对应的实际值之后，将实际值与目标值进行比较，发现绩效运行偏差，分析偏差原因。"实际值"需按照项目完成的实际情况进行填写，对照应完成的绩效目标描述偏差情况；若存在偏差情况，需根据偏差情况总结偏差原因；通过对偏差原因的归纳，分析预测企业全年绩效目标完成的可能性，以供部门（企业）进行决策。

四、提出纠偏路径

依据偏差分析，结合企业实际，提出纠偏建议并明确纠偏措施，主要从预算执行进度、财务管理、企业管理和目标调整等方面提出与主要问题紧密结合的、具体的、可操作的改进建议与措施。措施和建议同样可以通过表格的方式呈现，这样更加直观明了。

五、及时实施纠偏

绩效运行情况与设定的绩效目标要求发生较大偏离时，绩效运行监控主体应及时查找问题、分析原因、采取措施、及时纠偏。绩效运行有重大偏离的，进入整改程序，对绩效运行监控中发现的问题进行必要的改进，对偏差较大的项目采取必要的干预措施等。对绩效运行监控中发现的无绩效或低绩效的项目，要按规定调整执行或停止执行。此外，为保证绩效运行监控能够实现及时纠偏，在纠偏路径提出之后预算部门应及时进行落实，以对后续的项目实施起到促进作用，最终保证项目整体开展结果达到项目设定初衷。

六、形成报告

绩效运行监控报告主要包含以下内容。

①项目基本情况，包括本次项目的基本性质、用途、主要内容和涉及范围，以及项目规划和计划等立项依据、项目的必要性和可行性论证、相关制度措施等情况。

②项目资金投入和支出情况。

③项目的绩效目标、绩效指标及目标值设定和调整情况。

④项目组织管理情况，包括项目招投标情况、调整、完成验收等。

⑤项目实际产出情况。将项目实际产出状况与绩效目标做对比，从数量、质量、可达成性等方面进行分析。

⑥从目前项目实际完成情况出发，对目前项目绩效目标的达成进行分析。

⑦基于项目组织实施和项目绩效的实际情况与目标的差异情况，分析项目实现原定绩效目标的可能性。

⑧总结跟踪中发现的主要问题,包括制度保障方面、资金使用方面、项目实施组织管理方面和项目绩效方面。

⑨提出改进措施建议,应与主要问题紧密结合,具体、即时、可操作。

在完成报告后,预算绩效管理主体可选择将其绩效运行监控的结果信息按预算绩效管理的相关要求进行公开,接受公众的监督。

第六章 企业预算绩效评价管理

现代企业想得到长足的发展，预算绩效评价管理显得尤为重要，一直以来预算绩效评价体系的完备都为企业的发展提供了强大助力。本章分为预算绩效评价指标、预算绩效评价管理的基本流程、预算绩效评价指标体系的构建、预算绩效评价管理的保障措施四部分。主要内容包括：相关概念界定、预算绩效评价指标体系、企业绩效的影响因素、预算绩效评价管理的重要意义等。

第一节 预算绩效评价指标

一、相关概念界定

（一）评价

评价即衡量、评定某人或事物的价值，在管理学中通常指使用某一标准客观地对行为是否实现目标价值的评估过程，本质上属于一个判断的处理。评价的过程可以大致分为四个步骤，首先确定用于评价的标准，然后选择要进行评价的对象和环境后，接着建立评价的手段和方法，最后得到评价的结果。通过评价的过程可以实现引导、诊断事物发展等效果和目的。

（二）绩效评价

绩效评价相对于评价来说有了更具体的侧重点，主要是针对评价对象的绩效情况来进行科学的评价。绩效评价的目的是更好地进行管理，对工作的产出和效益进行可量化的评价后进行反馈，通过这种流程来优化投入与产出之间的效率，为的是获得更大限度的收益。

（三）预算绩效评价

就流程来看，预算绩效评价肯定是在预算的目标得以体现后才能评价，对预算进行全面的复盘，利用科学合理的方法进行客观评价，为了达到评价的最终目的，需要借助一些优质的模型，真正做到标准化评价，体现预算是否成功。

因此，企业预算绩效评价是对企业财务活动的过程及资金运用所带来的效率、效益和效果进行评价。效率指的是对资金利用进行合理性判断。效果是企业产出成果数量和成果质量，既包含人才产出，也包括物质产出。总体而言，企业预算绩效评价就是对企业的财务运行情况、财务效益进行综合科学的评价的过程。

二、预算绩效评价指标体系

绩效评价指标体系是由一系列能够准确体现组织目标和工作要求的指标组成的评价系统。绩效评价指标是指对被评价人的哪些工作表现进行评价。评价人通过多种技术和数据手段，获取被评价人的相关表现的数值或状况，并与预设的评价标准进行对比，得出的相关指标完成程度的结论。

一个合理的预算绩效评价指标体系是企业财务系统的保证，对企业的未来是至关重要的，不仅仅让纵向和横向经费得到全面高效的安排，而且可以及时反映过程错误，比如针对出资源配置不合理的方面就能及时采取措施。只有在投入源头进行监管，在效率评价的环节才能有个好结果。

①评价指标体系应该具有导向作用，评价指标应该依托于组织战略以及团队目标。建立评价指标体系包括建立合理的评价指标和评价标准，选择适当的评价主体。

②评价指标及相应的标准应该相对合理。不合理的指标无法贯彻组织战略，或者无法支撑团队目标。而指标的标准，过高会打击被考核对象的积极性，甚至放弃对完成指标的追求；标准过低，容易达成，会让考核对象放松工作要求，甚至出现个人绩效无法支撑组织绩效达标的情况。

③指标应以客观、量化指标为准。相关数据来源要有依据，避免主观判断。

④绩效评价环节之后，要有一个具体的确定的评价结果。评价不应只是一个分数，或者简单的排序，应该对评价结果进行有效的运用。这里面包含两层含义：一是要经常回顾指标项和指标标准的合理性，不停改进；二是在评价结果出来之后，找出绩效欠缺指标具体原因进行分析，以便在工作中进行优化改进。

第二节　预算绩效评价管理的基本流程

一、企业绩效的影响因素

(一)企业绩效的内在影响因素

一般来说,企业绩效的内在因素主要体现在企业的经济活动框架中。企业在生产运行过程中,每个产业链中的组织单元、部门、生产要素和流程都与企业的绩效关联。具体而言,通过公司生产研发部、人事部、市场贸易部等公司职能部门,实现绩效部门的紧密联合,建立绩效评价协调机制,科学安排企业有限的资源,让整个流程井然有序,从而实现企业绩效的稳定提升。

1. 企业的持续盈利能力

技术创新的最终目标是获取高额利润,它是衡量企业创新成果的重要指标,而持续性的盈利能够反映企业运转的方向正确与否。

陈勇星等表示,一个以创新为导向的企业要以获得更多利润和持续发展为双重目标,要以有理念的创新作为基础,实行全面且持续的发展措施,打造知名度和高技术形象。创新行为可以表现在一段时期内对创新产品的生产、经营和销售权的垄断。同时,它们还可以转让知识产权成果的所有权和使用权,从而获取更多的经济利益。

2. 企业的研发能力

科技研发是创新型企业的支柱,可以分为基础性研究、应用性研究和开发性研究,通过研究新技术,开发新产品,吸收最新的科学成果,将科学技术知识转化为新的产品工艺。研发是技术创新的来源,研发能力是保证企业绩效水平的前提,可以通过研发的资源配置水平来体现。

3. 企业的持续创新能力

在企业中,创新不是一次性的、暂时的或间歇性的,而是持续性的创新。赛菲斯(Cefis)的实证研究证明,具备持续创新能力的企业,其创新和利润率之间产生了可能性,这不同于那些"偶然创新者"。创新过程是一个连续的动态变化过程，广义上讲，技术创新过程包含创新理念、研究开发、投入市场，它们在时间点上必须是连续不间断的。对于多个创新行为而言，它们的纵向关系表现为多个相互关联的支持，从而形成一个推进型创新链。

4. 企业的组织管理能力

企业的组织管理体制联结着各部门的协调运营机制，从而会从整体上影响企业的绩效水平。而在企业的整个生产经营管理过程中，会涉及不同层级的各部门员工的协作配合。具有较高组织管理能力的企业能够根据市场的讯息做出快速的判断、协调各部门有序的配合、制定适应市场发展的战略政策等，因此企业的组织管理是一项系统化的管理体系。

5. 企业的人力资源管理能力

在企业发展过程中，人力资源作为企业的根基，推动着经济的增长和未来的发展。企业要实现长期战略目标，必须以人为本，注重人才配置，只有人才队伍壮大，企业才有生命力，相反，如果人才配置不够科学合理，短期内企业绩效会下降，长远来看企业的发展将会受到约束。

所以，企业必须要把人才战略放在重要位置，创建人才档案库和制定完善的培养体系，让每一位员工都能在自己的岗位上为企业的发展贡献力量。特别是对于具有技术创新和战略管理能力的人才，企业应该勇于挖掘和提供更加完善的福利体系来引进人才，统筹规划人才培养体系，企业未来的发展才会有无限可能。

6. 企业的营销能力

营销部门向来是企业最重视关注的，对于企业来说，它可以通过特别的营销方式和渠道的创新，将企业的创新产品推向市场，并向消费者推广。因为产品的独特性和创新性很难打破消费者原本的消费模式，如果没有良好的营销能力，突破传统的思维推广，再好的创新产品，都很难被广大消费者接受，也无法扩大消费者市场。

（二）企业绩效的外部影响因素

企业绩效与外部客观因素一直处于相互作用和相互影响的动态过程中，这些企业的外部环境因素，与企业的发展密切关联，企业只能通过自身的调整来适应外部的变化。

在优胜劣汰的市场环境中，创新绩效源于市场需求、市场竞争和高利润的引诱。然而，作为绩效体系的助推器，还需要政策的支持、法律的保障和金融体系的支持等，从而使企业的绩效向实践道路转化。

1. 政府的创新政策

创新政策会制约或促进企业的科学发展，良好的政策和法律环境能够保证企业合法竞争及其合法权益不受侵犯，能够促进企业技术创新，激励和引导企业的快速发展。

2. 知识产权保护环境

技术创新和人文创新是创新型企业的核心部分，以无形资产形式存在的知识产权专利，需要一个完善的法律保障环境，这样才能促进创新活动的产生，提高企业的绩效。而知识产权保护是防止技术被窃取的有效手段，如果在没有申请专利的情况下，技术一旦遭到泄露，公司的技术不存在创新，日后的创新动力也将会减弱，研发支出将会减少，同时经营业绩也会随之下降。

3. 金融支持体系

企业的大力发展离不开资金的投入和支持，随着各行各业的恶性竞争，核心技术的开发难度不断增加，发展所需的资金投入也越来越高。当企业面临资金链紧张的境况时，好的项目无法开展，进行中的项目无法延续，最终可能会以破产告终，这时金融支持体系将起到非常重要的作用，它包括债券市场、资本市场、贷款机构、信用担保等，是企业能够快速获取资金的直接来源，解决了许多企业资金运转困难的障碍。

二、预算绩效评价管理的重要意义

企业提高内部管理水平，是提高市场竞争力的有效途径。企业内部管理的手段多样化，其中施行全面预算与绩效评价，可实现企业内部资源的合理调配。全面预算主要采取编制与预算执行等途径，预算企业生产经营中的资源与费用，以推动企业健康发展。预算绩效评价主要围绕企业未来发展，根据岗位工作内容，制定完善的评价指标与标准，定期客观地考核与评价员工的工作成果及运营成效。对比实际工作成效与预期工作目标，可帮助管理人员充分掌握公司的发展现状，以此做出更加准确的决策。随着预算制度与绩效评价体系的逐步完善，有利于企业在各生产环节中控制作用的发挥，实现各生产环节资源的优化与高效利用，更有利于工作人员凝聚力的增强，以及良性竞争工作氛围的营造，最终推动企业管理体系逐步优化。

三、预算绩效评价管理存在的问题

（一）激励性元素缺失

建立完善的激励制度，是企业施行预算绩效评价工作的重要前提，更利于提高员工的工作潜能与主观能动性，实现工作质量与效益持续改进。但实际上，一些企业的激励制度并不完善，激励制度的施行形式化，激励效果不尽理想，不利于良好工作环境的营造，员工工作规范度与积极性随之降低。管理人员对员工心理诉求的调查不完善，缺乏精神与物质等层面的激励性元素，员工在缺乏奖励安慰的情况下，工作热情逐渐退却，甚至会出现破坏企业经济等违规行为。

（二）工作目标不明确

企业管理的过程复杂烦琐，相对于事后处理，更应当注重事前预防与事中控制，因此做好管理的准备与安排等工作显得尤为重要。但一些企业的预算绩效评价管理工作中的问题明显，工作目标不明确，员工出现了工作麻木的心理，工作效果不尽理想。领导未营造公平公正的工作环境，导致不平衡与潜规则等不良现象滋生。企业的预算绩效评价管理工作，与企业发展战略出现了衔接错位，不利于工作作用价值的发挥。领导对管理工作相对忽视，会逐渐激化矛盾，从而给企业带来不必要的损失。企业预算绩效评价管理在无目标支撑的情况下，极易出现数据信息失真与不完整等情况，利用价值降低，无法发挥对企业经济等资源发展的正向推动作用。

（三）预算管理体系有待完善

预算管理体系的完善程度直接影响企业的经营发展进程。随着企业运营系统的逐步优化，大部分企业预算管理的先进性与全面性等方面的问题逐渐暴露。预算管理的作用发挥受到局限，无法为企业领导提供完整的预算信息，会直接影响决策的准确性与企业盈利。预算编制脱离了市场动态与企业发展现状，导致工作效果缺乏时效性。不健全的预算管理体系，将无法准确衡量企业的发展成本与反映经济实力，也无法映射企业在组织力与执行力等方面的素质水平。企业内部管理工作的展开，始终离不开对各种有效信息的利用，不充实的内部要素，必然会降低企业的管理水平，从而增大企业的经济风险系数。因此，企业应当根据自身发展情况尽快完善预算管理体系。

（四）绩效评价体系实操性不强

企业预算管理缺乏系统化的规划，企业内部各个部门没有实现良好的沟通与配合，认为开展预算管理属于财务管理的范畴，没有树立业财融合的发展管理理念，导致绩效目标和指标，或脱离业务谈财务，或立足财务脱离业务，致使指标没有立足于实际，操作性不强。

（五）评价指标与企业情况不契合

企业预算绩效评价正处于不断发展和完善的过程中，但到目前为止，传统的财务评价仍然占据着主要的地位。在市场竞争中，特别是关于创新型公司的预算绩效评价，过度依赖财务指标从而导致经营者看重短期财务业绩的增长，忽视长期战略目标的积极作用，导致公司的核心竞争力普遍较弱。

企业高投资的技术研发成本不能仅仅依靠财务指标来体现，预算绩效评价体系是否合适也会影响最终计算的结果，如果无法反映企业的真实情况，势必会阻碍企业的发展，影响其发展的脚步，致使企业经营者无法准确判断企业的真实情况，过于追求短期效益，企业最终会被市场所淘汰。

例如，创新型企业有着良好的创新能力条件，但是，如果仅仅依靠过去的数据指标，企业的优势也将不复存在。如今，市场竞争如此激烈，创新型企业的优势是具备自身的核心技术。企业只有具备自身的竞争优势，实施创新发展战略，才能在社会上站稳脚跟。在创新型企业中，企业的创新能力与财务管理同样重要，不容忽视。同时，在评价企业的业绩时，更应关注创新产品市场占有率、员工满意度等具有"前瞻性"和有助于公司发展的非财务指标。

（六）预算绩效评价指标体系不科学

1. 预算评价指标设置不科学

对于我国当前很多企业采用的预算评价指标其实在设置上是存在不科学不合理的情况的，在预算评价指标的设置上应该要以科学合理为主，首要保证的是编制预算方案的可行性，这样才能够在整体的使用过程中获得最真实、最可靠的评价结果。当然，这跟我国预算绩效管理理念在企业应用的时间较晚，起步较慢有一定的关系，很多企业对于预算绩效管理的运用还处于初级探索阶段，甚至都没有建立专属的预算绩效评价指标库，在进行预算绩效考核的过程中方式方法相对比较单一，因此导致预算绩效评价过程的主观性比较强，忽视了公平公正地进行相对应的预算执行评价。而且一些相关项目所涉及的预算指标的专业性强，很多企业内部的工作人员专业性不足，知识储备不够，因此没有办法深入开展这样的预算评价指标设置，很多预算工作都成了摆设，没有真正贯彻落实。

2. 预算绩效评价指标缺少全面性

首先，评价指标的设计往往只重视资金的投入程度，却忽视投入的资金能取得的实际效果。在预算绩效评价中，要想开展好预算绩效评价工作，必须有科学的评价指标，但是在实际工作中往往存在很多问题，尤其是在评价指标的设计上，比如评价指标考虑的多是资金的支出进度情况，很少设置关乎资金支出产生效益如何的指标。只是对支出是怎么分配的，支出在各阶段是怎么控制的进行考核，这样根本起不到考核的效果。其次，评价指标的设计往往只重视微观的层面，但是却忽视了宏观的层面。评价指标设计不科学，没有站在宏观的角度来评价，不注重对社会整体产生的效益，而仅仅站在某一部门的角度看问题，没有宏观的评价视野。

3. 预算绩效评价指标缺乏个性化

一些企业的预算绩效管理工作起步较晚，目前仍处于探索阶段。评价指标和体系主要是参考财政部制定的项目支出绩效评价共性指标体系框架，大多属于共性指标。但是从具体的实际工作来看，各地区经济发展存在差异，各部门工作内容、工作性质也存在着明显的差异性，财政部设置的共性指标可能有些内容并不适合企业实际。

（七）绩效评价结果未得到有效使用

在现行的预算绩效管理体系下，绩效评价即为预算绩效管理的终点，对于预算绩效评价中反映出的信息没有切实运用到加强企业管理方面，预算绩效评价结果难以对资金使用部门和预算项目形成实质性制约。

四、预算绩效评价管理的基本流程

（一）预算绩效评价建立

1. 评价以绩效目标为导向

企业预算绩效评价以本企业预算绩效目标为导向。企业设定的预算绩效目标是部门预算安排的重要依据，未按要求设定绩效目标的项目支出，不得纳入企业财务资金管理。企业设定的预算绩效目标是指各部门按照部门预算管理和绩效管理的要求，编制预算绩效目标的过程。

2. 评价方法和内容

企业预算绩效评价采用的主要评价方法是目标管理法、成本效益分析法、比较法和因素分析法。目标管理法要求企业制定预算绩效评价目标，制定一套体现本部门工作水平和工作效率的预算绩效评价工作方案，并依据方案定期审查预算绩效目标的完成情况。成本效益分析法是指将企业预算在预算期内的支出和效益进行对比，通过对比分析得出评价结论。比较法是指对企业预算绩效目标与最终实施的效果、历史情况与现预算期内情况的相同类别的支出进行比较，综合分析。因素分析法是指通过分析影响企业预算绩效目标实现和实施效果的内部因素与外部因素，综合评价预算绩效目标的实现程度。

（二）预算绩效评价执行

1. 预算绩效评价指标体系建设

为实施预算绩效管理，规范预算绩效评价工作，提高预算绩效评价工作质量和水平，企业预算绩效评价建立切实可行的共性指标库，预算绩效计划执行效率可逐渐提高。

2. 预算绩效评价人才队伍建设

预算绩效评价人才队伍建设可以提升企业预算绩效评价整体素质和能力，主要有两方面做法：一方面是从企业领导入手，树立预算绩效观念，提高企业领导对预算绩效评价重要性的认识，正确发挥预算绩效评价的作用；另一方面是专业人才培养，企业预算绩效评价的有效实施需要相关人员有较强的执行力和较高的责任意识，因此，要按时对财务人员开展专业技术培训，提高财务人员的技能水平。

（三）预算绩效评价作用发挥

企业预算绩效评价既是对预算具体执行部门的考核，又是对预算项目管理的监督和约束，有利于打造透明预算。

企业根据评价结果，可以从预算的事前绩效评估、实施预算安排以及支出绩效等方面入手，调整预算安排，加强反馈整改，并将绩效评估结果作为申请下一年度预算的重要参考。

企业预算绩效评价结果的重要作用是在项目进行中及时纠正偏差，具体执行时遇到问题可以尽快调整。在预算绩效评价结果应用时，有时会由于重大项目工期长，评价存在滞后性等原因，企业评价结果作用未得到完全发挥，部分预算绩效评价结果没有真正成为预算编制和执行的重要依据。

第三节 预算绩效评价指标体系的构建

一、预算绩效评价指标体系现状

（一）绩效目标有待精准化

对于预算绩效评价指标体系而言，绩效目标是指标体系构建的基础和引导。要推进构建科学合理的预算绩效评价指标体系，务必确保前期所设置的绩效目标科学精准，且可用一系列绩效指标予以完善、细化。

然而，由于绩效评价工作发展的局限性，一些企业设置预算绩效目标时，绩效细化指标、横纵向可比的绩效标准、绩效目标编制方法还不健全，目标编制专业人才缺乏、人员培训不足等问题突出。在实践中，多数企业一般由财务人员编制绩效目标，设置绩效目标时往往从自身利益和工作计划出发，倾向于偏低设置、模糊设置，不能很好地反映预算项目实质，导致绩效目标与预算项目关联性差，不能充分发挥绩效目标对预算绩效评价指标体系的基础导向作用，预算绩效评价指标体系构建质量和效率难以保证。

（二）标准设定有待建立健全

预算项目涉及方方面面，内容繁多、复杂多样。在构建预算绩效评价指标体系时，各领域、各行业、各部门使用的标准必然不同，不同地区相同领域、行业、部门间同类预算项目所使用的标准也各式各样、差异较大，评价指标标准的科学性、系统性和全面性表现较差。

（三）指标体系有待规范推进

目前，大部分企业都建立了共性指标框架体系，并根据不同预算项目的特点设计了不同的个性指标，但在评价指标体系基本规范方面还存在一定缺陷和不足。同类预算绩效评价指标表述方式不同，指标目标值设定依据存在较大差异，权重确定方法形式多样，评价指标基本要素规范化程度较低，不利于同类预算项目绩效评价结果比较分析，影响预算绩效管理的进程。

（四）个性指标有待细化明确

随着预算绩效管理工作的推进，部分企业依据预算项目特点设计了相关个性指标。然而，鉴于起步时间较晚，相关数据缺失，指标设计专业人才短缺等因素制约，现有预算绩效评价指标体系中，个性指标的设计与项目特点和实际契合度较差，普遍存在个性指标过于宽泛简单，不够细化全面等情况，由此造成预算绩效评价结果难以反映资金的实际使用效果，更谈不上有效反馈及合理运用预算绩效评价结果，预算绩效评价工作的预期目标难以充分实现。

二、预算绩效评价指标体系构建的原则

对于企业来说，如何建立指标体系，如何选择指标内容，如何衡量指标权重，关系企业预算绩效管理活动的规划，也影响着企业的决策。因此，在构建预算绩效评价指标体系时，应遵循以下原则。

（一）可操作性原则

在指标体系建立的初期，要对现有的统计数据和财务报表进行分析比较，避免产生歧义。另外，在指标体系设计中，指标数量要适度，防止各指标重叠，保证指标评价的可操作性，能够在企业中有效应用，并适合企业的现实情况。

（二）科学性原则

科学性是指在建立过程中遵循一些理论的指导，符合相关的客观规律。例如，在建立指标体系的过程中，需要根据企业的实际情况，跟踪企业动态变化，构建指标体系。同时，预算绩效评价需要企业遵循科学的原则，在充分了解企业实际情况的基础上，了解企业预算绩效评价指标设置的意义，采用科学的预算绩效评价方法。

（三）系统量化性原则

目前，企业预算绩效评估指标体系存在的指标过于单一，绩效评价仅仅依靠

定量分析是不够的，对定性分析的指标还需进行适当考量，可以使评价更加准确、客观。

（四）简单性原则

指标的选取可以不多，也不是越细越好，过多容易增加指标重复的概率，而指标太少则会使指标体系覆盖不够全面，容易产生片面的绩效评价结果。因此，指标的选取要适中，符合简单性原则。

（五）共识性原则

目前，大多数企业的预算绩效评价指标体系，都是在自身的理解认识上，主观认为来设置的，这种指标体系普遍缺乏公众的认可和接受。共识性原则是指基于共同的认知理论框架，使得大部分的指标能被研究者所接受，选择常用的指标构建评价指标体系，摒弃少数学者使用的指标，降低指标选择的随意性和主观性。

三、预算绩效评价指标体系构建的内容

（一）预算绩效评价指标设计原则

在进行预算绩效评价指标设计时要遵循3E原则，即考虑经济、效率和有效原则。好的绩效的达成必然会推动企业的发展，对企业经济带来直观的收益，更好的情况下还能带动产业发展，促进新兴行业的发展；效率的考量指的是注意投入产出之间的关系，不仅是资金方面，而且还有人力以及其他方面；有效指的是与预期效果之间完成的差异性，完成的程度越好就被认为是越有效，有效性并没有上限，随着科技等新兴手段的出现，有效性就可能实现得更好，另外这些考虑因素也可以对绩效落实的过程进行考核。

（二）预算绩效评价指标选取（以平衡计分卡为例）

因为平衡计分卡最初主要是为企业绩效评价而设计的，所以其四个维度分别是财务维度、客户维度、内部流程维度与学习和成长维度。

1. 财务维度指标

企业支出可以划分为基本支出和项目支出两个方面，所以财务维度指标的选择主要是从支出方面进行考虑。

财务拨款预算完成率＝实际使用金额／实际拨付金额，这个指标可以反映预算整体的完成情况。

基本支出预算完成率＝基本支出实际金额／基本支出实际拨付金额，这个指标可以反映基本支出的完成情况。

项目支出预算完成率＝项目支出实际使用金额／项目支出实际拨付金额，这个指标可以反映项目支出的完成情况。

预算与决算数据对比差异率＝预算金额／决算金额，这个指标可以反映预算编制与预算执行的准确性，前期的预算编制与预算执行越精准，预算与决算差异数越小，侧面反映企业对于整体财务资金占用的使用效率的高低。

人员经费完成率＝人员经费决算数（包括基本工资、补助工资、其他工资、职工福利费和社会保障费等）／人员经费预算数，这个指标可以反映基本支出里的人员经费的支出与预算差异。

公用经费完成率＝公用经费决算数（包括公务费、小型设备购置费和修缮费、业务费和业务招待费等）／公用经费预算数，这个指标可以反映出基本支出里关于公用经费的预算完成情况。

上述财务指标都能直观反映企业预算资金最终的支出去向，最直观地从数字方面看出企业预算绩效。只有资金支出，才能衡量资金的使用效率，即绩效。

2. 客户维度指标

企业每年需要频繁地与采购的供应商交流，所以可以将采购供应商满意度作为一个客户维度层面的指标进行考虑；企业在预算执行过程中，最清楚地了解全程的人员就是相关的预算执行内部人员，因此可将其满意度也作为一个指标；信息的公开度一方面能反映企业整体的工作进程，向大众展示工作成果，另一方面也能帮助除预算执行人员之外的人员更好地行使其监督职能，因此，从这个指标也能间接反映出资金的使用成果。

供应商满意度：以项目合作商、办公用品、耗材等供应商打分平均，采用百分制。

预算执行内部人员满意度：将内部预算人员，包括财务总监、预算编制员、采购员打分平均，得分采用百分制。

信息公开度：将内部员工，外部客户等打分平均，得分采用百分制。

3. 内部流程维度指标

我们可以通过预算完成过程的时间与预算调整次数对企业的内部流程进行评价。

预算完成时长：从开始准备预算到预算编制完成的时长。超过既定要求的天数为 50 分以下，每提前完成一周加 10 分，100 分为满分。

预算调整次数：按实际调整次数（有调整记录的）计算。预算调整次数用扣分法计算得分，每调整一次扣 10 分。

4. 学习与成长维度指标

企业当前的预算管理全过程只有少部分人进行了解并重视，因此需要从企业关于预算培训方面的工作具体情况进行评价。若预算管理工作的宣传及人员思想认识不够，将会是预算绩效不理想的重要原因。

预算参与人员培训时间：以实际发生的预算参与人员培训时间（小时）为准。

预算培训经费：以实际预算培训经费为准。

预算会议次数与规模：以实际会议次数与每次会议时会议单记录的会议解决内容打分评价计算，得分采用百分制。

根据上述各个维度指标的选择，汇总可以得到以下的指标体系。

表 6-1　基于平衡计分卡四个维度的初步指标体系

维度	指标
财务维度 A_1	财政拨款预算完成率 B_1
	基本支出预算完成率 B_2
	项目支出预算完成率 B_3
	预算与决算数据对比差异率 B_4
	人员经费完成率 B_5
	公用经费完成率 B_6
客户维度 A_2	供应商满意度 B_7
	预算执行内部人员满意度 B_8
内部流程维度 A_3	信息公开度 B_9
	预算完成时长 B_{10}
	预算调整次数 B_{11}
学习与成长维度 A_4	预算参与人员培训时间 B_{12}
	预算培训经费 B_{13}
	预算会议次数与规模 B_{14}

（三）指标权重选择和计分机制

确定了指标，需要计算权重，权重的计算用层次分析法。层次分析法是来源于运筹学中的一种分析方法，通过对矩阵的计算来处理几个需要相互比较的元素，它是我们常用的一种将抽象的因素具象成为数字的转换方法，具体操作分为以下几个步骤。

第一步：构建出指标的层次结构，首先将我们需要解决的问题目标分为几个不同的层次，每个层次中的因素不相同，对每个层次依次分析得出层次结构。

第二步：对矩阵中的指标两个与两个之间进行比较，运用数学的方法每层依次计算权重值，然后得到各个因素的相对重要程度，如表6-2所示。

表6-2　构建判断矩阵表

A_i ＼ A_j	A_1	A_2	A_3	A_4
A_1	a_{11}	a_{12}	a_{13}	a_{14}
A_2	a_{21}	a_{22}	a_{23}	a_{24}
A_3	a_{31}	a_{32}	a_{33}	a_{34}
A_4	a_{41}	a_{42}	a_{43}	a_{44}

表中的 A_i、A_j 代表各个指标，a_{ij} 代表 A_i 对 A_j 的重要程度，其标度含义如表6-3所示。

表6-3　标度含义

标度	第i个指标和第j个指标相比结果	说明
1	i与j重要程度相同	两个因素对目标具有同样重要性
3	i略微重要于j	两者间判断差异微小
5	i重要于j	两者间判断差异明显
7	i非常重要于j	两者间判断差异剧烈
9	i极端重要于j	两者间判断差异（最大限度）
2、4、6	重要性在上述几个陈述中间	在折中时采取

第三步：层次单排序和一致性检验。想要确保权重的准确性，在得出权重后需要进行一致性检验，若无法通过一致性检验则说明权重值存在某些问题，需要进行改变。

第四步：层次总排序和一致性检验。最低层因素在所述最高层因素中的重要性排序就是总排序，它的计算方法就是把低层单排序的结果与高层单排序结果结合求出总排序，总排序也需要进行一致性检验来保证准确性。

针对当前指标体系中指标设计有三个层次，形成树形结构，最高层是指标评价的内容，即企业预算绩效，中间层是根据平衡计分卡确定的四个方面，即财务、客户、内部流程、学习与成长，最底层是财务拨款预算完成率等具体指标。可以请企业内部3人、企业外部4人、从事预算工作的经验丰富的人员6人，根据对企业的了解对各个指标对于预算的重要程度打分。针对第三层指标赋值，应用德尔菲法，针对第二层指标对于第一层指标的重要程度打分，采用十分制，比如认为第三层中B_1指标对于财务A_1的重要性比较重要打3分，每个层次的总分为10分，将10分在层次内按重要层次打分分配。形成第一轮意见后，综合，再次反馈给相关专家，相关专家对于其他人意见考虑后再次打分综合，如此反复经过三轮综合出第三层指标重要性如表6-4。

表6-4　预算绩效评价指标层权重设置

准则层	准则层权重	指标层	指标层权重
财务维度A_1	0.455	财务拨款预算完成率B_1	0.3
		基本支出预算完成率B_2	0.2
		项目支出预算完成率B_3	0.2
		预算与决算数据对比差异率B_4	0.2
		人员经费完成率B_5	0.05
		公用经费完成率B_6	0.05
客户维度A_2	0.2627	供应商满意度B_7	0.4
		预算执行内部人员满意度B_8	0.4
内部流程维度A_3	0.1411	信息公开度B_9	0.2
		预算完成时长B_{10}	0.5
		预算调整次数B_{11}	0.5
学习与成长维度A_4	0.1411	预算参与人员培训时间B_{12}	0.4
		预算培训经费B_{13}	0.2
		预算会议次数与规模B_{14}	0.4

第四节　预算绩效评价管理的保障措施

一、完善激励制度

一是设立晋升奖罚机制，奖惩机制对绩效评价指标体系的完善起到了积极辅助作用。要求领导公平对待每位员工，将员工从传统的工作模式与意识中脱离出来，强化其工作的自主性与积极性，实现业务能力与职业素养的快速提升。

二是根据企业发展现状，加强对绩效评价与激励制度的关系调整。通过奖励举措的落实，能够提高企业的福利待遇水平，更利于调动员工的主观能动性。

三是应当加大培训教育力度。定期组织员工展开业务能力与职业素养方面的培训教育活动，使其能够全身心地投入工作中，从而夯实企业未来发展的人力资源基础。

四是从全局角度出发，利用预算和绩效机制的施行，加强对员工工作任务的科学布置，尽快明确工作目标，逐步强化员工的良性竞争等工作意识。通过落实晋升奖罚制度，提高员工的思想觉悟与自学意识，促使员工在公平的环境中不断强化工作热情。

二、明确发展目标

一是全面评估企业的发展能力，合理部署企业的预算组织与管理等工作。通过制定工作目标，明确员工的岗位职责与工作范畴，确保分析评价工作得以顺利展开。这要求各部门围绕经营发展现状逐步优化工作方法，合理规划企业的运营状况，以推动企业的长效发展。

二是站在发展战略与长远利益的高度，深入梳理绩效与预算间的关系，将其整合到发展战略中，实现企业与员工关系的合理协调。明确企业发展目标的同时，将其落实到员工的岗位职责上，让员工在激励制度的影响下，创造出更多的工作价值。

三是根据目标成立监管部门。要求监管部门人员督促各岗位的员工，实现企业目标逐步细化，促使各部门协同推动企业的现代化发展。

四是不断优化目标，促使工作内容逐步显化。要求各部门加强联系，减少不必要的资源浪费，以尽快完成目标任务。

三、提升信息技术应用效果

为确保在有关预算绩效评价过程中能够提升信息技术的应用效果和水平，应该重点关注信息技术的使用，在合理使用信息技术的同时来增强预算绩效考核的效果。

一方面，应该使用信息技术来构建相关的信息网络平台与系统，阶段性地进行管理系统的升级处理，保证有关绩效评价工作能够和财务系统之间呈现出无缝对接的状态，在合理传输财务数据信息的同时，确保绩效评价效益，提高预算管理的工作效率。

另一方面，还应该重点关注大数据技术、云计算技术的合理应用。在新时期的环境背景之下利用大数据技术、云计算技术、网络信息技术等，不断地优化和调整相关绩效评价的信息化发展模式，确保在新时期的环境中能够利用系统化、科学化的手段来增强工作的有效性，充分发挥先进信息技术的作用价值，保证在新时期的环境中可以借助更多的技术措施来增强预算绩效评价的有效性，促使企业的预算绩效评价管理工作高质量开展、系统化执行。

四、完善预算绩效评价的系统

为保障预算绩效评价工作的全面执行、高效化开展，应该积极完善有关的评价体系，在合理开展评价工作的同时，规避和预防可能会出现的问题，获得准确、详尽的评价结果，便于及时掌握预算管理问题，提出相应的问题解决对策。

首先，应完善评价工作的组织架构，明确各级评价主体的工作职责、工作要求与工作标准，相互之间详细沟通，共同合作，进行预算绩效的评价。

其次，应遵循公开、公平的基本原则，将绩效当作导向，严格落实责任追究制度。在此期间，应该保证所选择绩效评价方式的科学性与合理性，所使用绩效评价指标的完善性，同时在有关的系统中设置各个预算绩效评价环节的内容、要求、注意事项等，保证所有工作都可以落实，不会出现预算绩效考核评价的问题。

五、加强评价工作的统筹协调

预算绩效管理是我国近些年来新推行的工作内容，这是一项重要且长期的工作任务，但是在人员配置方面我国当前很多企业都没有及时跟进，当然很可能也是从成本效益原则进行考虑，因此对于企业财务人员来说，很多人如果在思想认识不到位的情况下，就会把这一项工作任务当作额外的负担，可能会导致参与工作人员的态度不端正，从而处理工作的效率不高，而且从客观因素上分析，这对于财务人员确实是增加了工作量，需要更好的方法才能保障这一工作顺利地进行。

更好的方法必然不是仅靠财务人员一味地埋头苦干，而是需要许多其他部门人员高效的协调配合，而且所有人员必须认识到好的绩效评价并不只是有利于财务部门，是对企业整体有利。

绩效评价收集的信息对绩效评价结果有着至关重要的作用，要保证信息收集的完整准确，让提供信息的部门高效地提供绩效评价所需的各种信息，就需要帮助其理解绩效评价工作的内容与重要性。这一点就可以通过平时部门之间的交流来普及知识点进行解决，使得许多认为绩效评价信息提供不是他们本职工作一部分的部门，改变其错误的想法，因为如果绩效评价信息提供人员在提供信息的过程中产生把这部分工作当作负担的心理，不利于预算绩效评价指标体系的构建和预算绩效评价工作的落实，毕竟，绩效评价不是一朝一夕可以完成的，结合我国当前的发展现状，还有很漫长的路要走。

要在现有情况下节约资源完成预算绩效评价工作，仅仅靠企业的财务人员是远远不够的，若针对一些较难沟通的相关问题，有时候会需要上级与上级之间的沟通，而且必要的时候也可以通过组织一些会议来为相关部门讲解绩效评价指标的具体内容，或者向其提前传达我们可能会需要信息的时间阶段以及传递的信息格式。因为对于某些绩效评价指标来说可能涉及的数据量较大、时间跨度较长。

当然，预算绩效评价所需要的信息不仅需要企业内部其他部门人员的协同，有些时候还需要借助外部企业的帮助，例如，在我们对预算绩效评价的指标体系里有针对相关客户维度的指标，这就跟与我们业务有联系的企业或者供应商有关，因此我们在与这类人员沟通的时候更要注意态度与方式方法，尽量保证在低成本的情况下用最高的效率，来获取最真实的信息。

同时，我们也要注意到上级与下级之间的统筹作用，各部门的内部人员的工作理论上都应由其直接领导进行分配，但是对于绩效信息沟通这件事，必然不是短时间内就能完全解决的任务，有可能会耽误其完成其本职工作的时间，还有可能会涉及其他部门的一些较为重要的文件信息。

因此，在完成绩效信息传递沟通过程中需要上级领导之间的沟通，这样下级之间的工作才会更加顺畅，毕竟我们要严格遵守企业内部的管理制度，也便于直接领导了解其下属的具体工作内容，而且上级领导的沟通过程也是一个传达绩效评价工作重要性的一个信号。有时候来自直接领导的任务，人员在落实过程中会更加有责任感，会大大提高部门之间人员的沟通效率。同时需要注意，这里提到的绩效信息的传递与沟通并不只是指为了带入各类绩效评价指标的信息，也包含了绩效评价结果分析得出问题之后要对各个部门进行反馈，强调需要关注的部分。部门负责人作为直接参与绩效评价工作人员的直接上级，要把控绩效评价工作的方向，同时也要及时与其上级沟通，这样可以保证绩效评价工作方向的准确性，上下级之间做到统筹协调，才能推进绩效评价工作。

因此，作为企业内部预算管理的主要实行人员，即现行的财务部门的所有人员，要加强预算管理的统筹意识，做好预算管理中各项工作的推进，时刻保持耐心与专业态度，加强预算实行过程中与其他相关人员的沟通交流，只要前期做好了沟通工作，且部门领导之间的沟通也按要求做到，在之后具体信息的传递过程中便不会出现太多问题，即便出现问题，基于人员的思想认识已经到位，也可以很大程度地保证问题会在认真的态度下得到解决。如果出现一些特殊问题，我们就要及时向上级领导进行报告，有需要时向专业的人员寻求帮助。

企业可以通过在日常工作中组织一些有关预算管理全过程的讲解培训，鼓励大家参加，提高他们需要参与协助这一项工作的意识，并且这些培训并不局限于涉及预算绩效评价信息沟通工作的普通职工，领导级别的管理人员思想上对这项工作的重视也非常重要。

实现加强预算绩效评价工作的统筹协调，不仅可以考虑从人员思想上解决，而且也可以利用一些数据平台提高信息的处理效率，有些信息也便于进行共享，或者利用当前先进的网络技术来提高不同部门信息之间的沟通效率，可以节约工作人员的时间，也可以节约成本。

六、加强绩效评价结果的应用

当前虽然许多企业的内部人员接触并落实了预算绩效评价工作，但他们的理解并不全面，在许多人的意识里，预算绩效评价得出结果的时候预算绩效评价工作就已经全部完成了，但是这是错误的理解，预算绩效评价工作的核心是对评价结果的分析以及应用，如果仅仅是为了评价而评价，把评价结果放在一边只讲形式，一切就都是讲形式主义的无用功。评价结果得出后需要分析，并且针对分析反映的问题反馈到预算全过程，促进来年预算的更好落实。

绩效评价结果的应用是预算绩效评价工作中的重要环节，在得到准确的绩效评价结果之后，只有对绩效评价结果进行分析找出预算实行过程中各环节存在的问题，针对问题才能在今后工作中改进，早日实现当前要落实的长远的预算绩效管理的战略目标。毕竟绩效不是企业短期内要完成的任务，而是长远发展过程中必须面对的问题，预算绩效评价的最终目标并不是要得到绩效评价好或坏的结果，而是希望通过对每一次绩效评价结果的分析来帮助推进之后预算绩效结果更好，所以我们要做好企业对于预算绩效评价结果应用这一工作。应用一是包括对预算绩效评价结果的分析，即找出当前评价年度的绩效评价结果反映出的预算实行过程中的问题，二是提出一些有效的方法帮助企业的下一年的预算落实过程中避免出现这些问题，并在可能的条件下，之后年度对企业工作中易出现问题的地方加强监督管理，以便及时改进。

针对企业当前的预算绩效评价现状，可以发现评价结果应用不到位的原因主要可以分为两个。

一是现有企业预算绩效评价结果的结论并不全面，无法有效反映预算过程的各种问题，大多数的结果仅仅只是对资金收支得出的结果，而且一些企业内部人员可能碍于面子问题，大多都重视好的结果，不在意可能存在的问题以及原因，即便有个别人想要发现问题，也存在较大的难度。

二是对评价结果的应用不合理，甚至可以说一些企业都没有应用得出的结果。我们对当前问题进行研究评价的目的是发现问题，在今后同样的工作中不犯这样的错误，来帮助企业更好地实现预算绩效，但当前的工作现状是仅仅得出结果，一些企业的内部人员甚至都不知道企业整体的预算绩效评价结果，更不要提帮助发现评价结果不好的原因了。

企业应该在日常的工作中提高绩效评价人员对于绩效评价结果应用的重视程度，在得出绩效评价结果之后，这一工作主管部门的人员可以组织有效的会议来对结果进行分析,也可以专门留出几天时间针对一些部门专用的预算经费与相关部门人员进行沟通,可以使企业内部更多人员了解预算绩效评价工作的重要性,对于常申请项目经费的部门,也可以为之后预算绩效的实现奠定基础。

同时,对于绩效评价结果分析得出的问题,也可以与相关环节的执行人员进行沟通,提醒他们对某些工作在之后年度进行更多的关注,才能在很大程度上避免之后出现相同的问题。为了保障除预算绩效评价相关部门外其他绩效评价参与人员对这一工作的重视,企业还可以下发一些文件或实行一些制度将一些工作明确划分到个人的工作内容中去,针对一些企业的具体情况,甚至可以与某些人员的绩效考核情况挂钩,采用这种手段,能在很大程度上保障相关人员在预算实施过程中的态度和效率。

另外,为了使绩效评价结果的应用发挥其最大的作用,企业可以采用增加绩效信息的公开性这一方法,公开的信息越多,越能得到员工的支持信任,今后的各项工作也能更好地开展,同时绩效信息的公开还可以使更多员工对企业的预算绩效情况加深了解,间接地帮助企业得到更为准确的评价结果。从理论上看,越来越多的员工了解绩效信息,就会有越来越多的员工对这一项工作进行监督,而且也有利于更多员工来帮助发现企业预算绩效管理中存在的问题,从而更好地促进绩效的实现。

七、构建预算绩效评价管理的反馈应用体系

预算绩效评价管理是项目预算绩效管理的"落脚点",对绩效评价结果的反馈与应用,能够直接反映出项目产出水平的高低和绩效管理工作的成本。对绩效评价结果的有效利用,有利于提高企业资金的使用效率,同时根据评价结果调整企业内部制度,有利于建立绩效评价的激励与反馈机制,以绩效结果为导向,可以进一步推动企业的发展。

(一)建立绩效评价信息反馈机制

建立绩效评价信息反馈机制首先要明确其反馈的对象,及时向被评价项目部门反馈,有助于预算执行部门及时、清楚地了解本部门资金预算的使用效率,尤其是在预算执行过程中及时将预算绩效动态监控的结果反馈给预算部门,能够及时纠正预算执行过程中的偏差,也有助于调整下一年度的预算,促进预算绩效管理的完善。

如果不反馈考核结果给被考评的部门，考核将失去极为重要的功能，如激励、奖惩和培训。因此，有效的绩效评价信息反馈应当是经常性的，对绩效评价管理起着至关重要的作用。

（二）构建绩效评价结果应用机制

绩效评价结果的反馈环节完成后需要对其结果展开应用。

在实际工作中，绩效评价结果应用方式呈现出多样化，但由于受到企业内外部环境以及主客观因素的影响，对其应用还缺少一定的规范化、强制性和硬性约束力，因此，需要充分发挥绩效评价结果应用的重要作用，加强对绩效评价结果的实质性管理，最终实现对预算管理行为的有效引导和约束。

（三）建立绩效评价问责机制

绩效评价问责机制强调以结果为本，将绩效评价结果信息引入业绩考核，不仅关注的是资金预算的执行过程，更注重其行为的最终结果；将绩效评价结果信息引入业绩考核，会促使资金执行项目或部门的行为受到约束和激励，从而提高项目和部门的绩效水平。将预算绩效执行结果与企业员工的人事任免、绩效奖金、职工薪酬等挂钩，与下一年度企业资金预算绩效目标相连接，使得绩效评价问责机制逐步完善和落实。

（四）构建绩效评价结果的激励与约束机制

明确的激励与约束机制，有利于预算执行者充分了解预算执行过程中业绩与奖励的关系，将部门目标与企业战略目标紧密结合，从而使得预算执行部门约束自己的行为，不断提高工作效率，完成企业预算指标。

（五）构建绩效评价结果的惩处机制

惩处机制的建立，就是为了维护绩效评价结果的权威性和约束力，提高项目实施部门资金预算的准确率，降低资金预算成本，针对资金管理的项目单位提出反馈与整改和处理与惩罚措施。

在反馈与整改方面，预算绩效评价组织机构要在绩效评价工作结束后的一个月之内将评价项目绩效情况反馈给被评价部门，详细列举该项目绩效优劣的原因，责令被评价部门限期提出关于项目预算管理的相关整改意见，并督促项目部门整改落实。项目部门要根据反馈意见中涉及的内容，结合该项目的实际情况，制定出切实可行的整改方案并严格在规定期限内贯彻落实，同时将落实整改情况反馈给项目绩效评价组织机构。预算管理部门会同项目绩效评价的组织机构对整改结果进行分析汇总，并对整改落实情况进行抽查。

在处理与惩罚方面，预算管理部门如果发现项目实施单位为了骗取项目资金，虚报项目、虚增工作量，或因管理存在漏洞、决策失误等造成项目资金的严重损失浪费行为，除了按照企业的规章制度予以处理，追究考核相关当事人的责任之外，还要向有关部门追回该项目资金。

第七章　国外企业预算绩效管理实践模式的借鉴

本章分为美国企业预算绩效管理实践模式、英国企业预算绩效管理实践模式、韩国企业预算绩效管理实践模式、丹麦企业预算绩效管理实践模式、各国企业预算绩效管理实践模式的借鉴五部分。主要内容包括：美国企业实施预算绩效管理的做法、美国企业预算绩效管理的经验、英国企业预算绩效管理的特点、英国企业预算绩效管理的经验等。

第一节　美国企业预算绩效管理实践模式

一、美国企业实施预算绩效管理的做法

（一）强大的战略计划保障

企业战略计划的内容包括：部门主要任务、职能和工作陈述；一般性的计划和目标以及如何实现这些计划和目标；如何评价部门的项目，列出未来要进行评价的项目的时间表等。战略计划的时间跨度为五年，并且每隔一段时间要进行修正和升级。年度绩效计划需要与战略计划保持一致，其内容包括明确本企业的项目活动需要达到何种绩效水平；简要陈述实现目标的工作程序、技能和技术；建立一套有效验证项目价值的方法等。

（二）不断创新的绩效评估体系

美国企业对绩效理念的深刻理解和创新正是通过其不断创新的绩效评估体系中的评估方法和评估层次分级展现出来的。

美国创造性地采用平衡计分卡法作为企业预算绩效的评估方法。通过平衡计分卡，美国企业率先将短期目标与长期目标结合，同时关注短期效益与长期发展，使企业的短期目标为长期规划服务。平衡计分卡与往常的评估方法相比有着很大的进步，更能够满足企业预算绩效管理的要求。

在评估层次的分级上，美国企业实施的项目绩效评估，能够发现预算绩效管理中存在的细微问题，并提出相应的改善建议。

二、美国企业预算绩效管理的经验

（一）注重培养预算绩效管理人员

预算绩效管理是一项极为复杂的工作，仅绩效计划的制订、指标的量化与绩效数据的收集，就是一项繁重且庞杂的任务。它要求相关管理者充分理解预算绩效管理的运作理念和运作方式，掌握有关绩效目标如何设定的相关知识。

此外，企业预算绩效管理对管理者的组织管理能力提出了更高的要求，管理者在一定程度上可决定人员的任免、资源的配置，并对结果负责，这要求他必须懂得如何协调组织内部成员之间的关系，与员工协同完成既定的绩效目标。因此，实施预算绩效管理需要培养一批懂专业、懂管理的人员，这是推行企业预算绩效管理的先决条件。

（二）确保预算绩效信息和资料的可信性

为保证预算绩效信息和资料的可信性，美国企业的经验是，在预算绩效管理改革中，战略规划、绩效目标、评价指标和标准制定都是以部门为主，并征求其他绩效管理者和技术专家的意见，同时由预算管理机构进行指导。

由于各部门对本部门的情况最为了解，在制定预算绩效评价指标方面拥有信息成本优势；其他绩效管理者和技术专家的参与，使制定出来的绩效评价指标更为科学和全面；以部门为主制定的绩效评价指标得到了部门的认可，在事前化解了有关分歧，有助于提高部门主管及员工改革的积极性和遵从性；预算管理机构的参与可以对各部门如何制定绩效目标和指标进行理论指导和把关。

第二节 英国企业预算绩效管理实践模式

一、英国企业预算绩效管理的特点

英国企业预算绩效管理的主要内容和工作步骤包括设立预算绩效目标、分配预算资金、过程监督、提交绩效报告、绩效结果审计和运用，整个流程贯穿信息的收集与使用，其主要特点包括：首先，在预算绩效管理过程中，绩效目标的确定以部门为主，并征求预算管理部门和技术专家的意见；其次，在资金使用过程中，使用部门具有一定的灵活性，各部门在获得预算资金的同时要实现协议中规定的绩效结果；最后，预算绩效管理以实现企业利益的目标为导向。

二、英国企业预算绩效管理的经验

（一）增强预算绩效理念和意识

英国企业预算绩效管理改革比较成功的原因之一就是形成了绩效文化，绩效文化背景能够带动绩效理念和绩效意识的形成。预算绩效的理念和意识对实施预算绩效具有重要作用。企业要积极宣传绩效文化，增强预算工作人员对绩效的认识和理解，促进绩效文化的形成和发展，以绩效文化促进树立绩效理念，形成绩效意识。绩效理念促进预算绩效理念的转变，由注重投入转向注重产出和结果，以结果和产出为导向。企业还要以绩效意识为指导，以绩效理念为指引，实施预算绩效改革。

（二）构建预算绩效激励约束机制

积极构建预算绩效激励约束机制，增强相关部门的受托责任。各部门根据预算绩效的目标，合理安排预算支出，通过对企业预算支出的绩效结果进行评价，反映预算执行结果与目标之间的差距，进而对预算绩效进行问责，各部门负责人要认真分析原因，并且承担责任，以实现对企业各部门的激励，促进企业支出效率和效益的提高。

(三)注重预算绩效管理专业技术人才培养

英国企业高度重视对有关人员的培训和对专业人才的任用,因为企业预算绩效管理工作的开展要求工作人员掌握相关知识,并了解预算绩效管理理念和运作方式。英国企业还会总结先进部门的发展经验,并发放至各个部门进行学习,从而不断提高企业工作人员的专业和实践水平。

第三节 韩国企业预算绩效管理实践模式

一、韩国企业预算绩效管理的做法

(一)衡量和评估结果

1. 绩效管理目标

企业预算绩效管理的基本目的在于实现项目设计及推进方法的合理化,提高预算分配的效率,明确责任。

(1)实现项目设计和推进方法的合理化

韩国企业为了改善项目内容或项目推进方法,自愿地利用绩效管理,以期实现项目设计和推进方法的合理化。

(2)提高预算分配的效率

韩国企业通过将预算绩效信息的评估结果反映到预算编制中去,从而提高预算分配的效率性。预算和绩效可以通过直接或间接的方式相互联系。直接联系表现为以预算中测算产出或结果增加值为基准,计算为了得到希望水平的产出或结果所需的预算。间接联系表现在编制预算过程中仅把绩效信息作为一个参考。总之,在企业预算编制和结算的过程中结合绩效信息,能够给决策人提供更多有用的信息。

(3)明确责任

绩效目标包含在绩效计划中,是由企业预算部门设定的。绩效计划和目标反映出预算部门对重要领域的投入是否适当。对韩国企业而言,绩效管理主要被看作搜集信息、检讨战略计划的具有科学性和可行性的重要手段。这有利于决策者和高层管理者宏观地把握管理方向,有利于对管理过程进行及时而有效的控制。

2. 绩效评价体系

韩国企业绩效评价体系以结果为导向，但当结果难以界定和阐明时，就要运用产出指标。这一体系始于结果导向型绩效信息。为了做出评价，预算部门运用类似时间序列数据和基准进行比较，首先由支出部门做出自我评估，再由预算部门做出绩效的最终评估，但缺乏独立查证的正式程序，预算部门只能通过惩罚错误或误导性的信息，以尽力确保绩效数据的可靠性。

3. 项目深层次评价

项目深层次评价以项目评价为焦点，以具体项目为研究对象，使用科学的评价方法进行深入分析，以期发现问题和提出解决方案。运用此法可以得到关于个别项目的绩效、问题等深层次的信息，但需要一定的费用和时间，而且很难作用于全部项目。

（二）预算编制及进度

预算体系作为运作预算绩效制度的基础下层结构，应将产出的信息运用于企业项目预算体系的预算编制中，并且在预算体系的基础上构成绩效计划书。2008年，韩国提出了绩效计划书编制方针，明确指示企业绩效计划书的管理课题与项目预算书的单位项目必须保持一致，以解决预算体系与绩效目标体系推进主体不同的情况。项目与绩效目标并非一定要一一对应、完全一致，但应努力保持连贯性。

目前，韩国企业由各部门编制和提交绩效书。为了改善现行企业绩效目标管理制度的评价及反馈系统，通过绩效管理日程和预算日程连接构筑反馈系统，将规划阶段的绩效计划书和预算编制、预算执行后绩效评价阶段的绩效报告与结算报告相联结，优先一致化绩效规划、绩效测定、评价日程、预算编制、结算等预算日程。

二、韩国企业预算绩效管理的经验

（一）重视能力培养

通过加大对企业工作人员的教育和能力培养的投入，企业管理在科学严谨程度和质量方面有了显著的提高，因此能够确保企业高效、有针对性、负责任地进行改革。

（二）持续培育绩效文化

20 世纪 60 年代至 80 年代，韩国企业就开始培育绩效文化，逐步构建起不同于大部分西方国家企业经验的绩效管理和战略规划模式。韩国企业将绩效管理引入宏观经济增长目标的战略指导过程，并确保预算部门能够有效领导绩效管理的发展，在预算和政策评估方面进行集中管控。

（三）加强部门间的沟通与协调

推行预算绩效管理，需要克服一系列的阻力和障碍。即便是高层领导决定要推进预算绩效管理，但也不是所有人都会十分积极，特别是负责规划、项目审查的工作人员，其工作性质与绩效评估有一定重叠，再加上本来工作量就很大，他们并不愿意增加额外的工作量，各支出部门虽然积极性很高，但缺乏相应的组织能力，人员、技术储备严重不足。面对复杂的形势，要虚心听取各方意见，充分照顾各方关切，在实践中不断充实、完善改革方案，从而有效地把改革阻力降到最低限度。

第四节　丹麦企业预算绩效管理实践模式

一、丹麦企业预算绩效管理的做法

（一）绩效预算模式

1. 以结果为导向的协议管理

以结果为导向的协议管理包含三方面核心要素：设定目标、确定协议和年度报告。协议管理旨在满足以下几个目标。

首先，期望能通过提高对产出的关注，使决策者区别对待企业不同目标。

其次，关注产出可以提高企业服务的质量和效率。

最后，通过减少部门间的信息不平衡来提高效率。

绩效协议通过报告体系加以补充，每个机构必须准备年度报告，列明协议中预设目标的完成情况。

第七章 国外企业预算绩效管理实践模式的借鉴

2. 实行权责发生制

2006年起,丹麦企业尝试编制权责发生制预算,权责发生制的基本原则是关注成本分摊和资源的使用,增强费用与产出之间的联系。这项改革不仅改善了企业的管理行为,而且还有效提高了企业的工作效率。

3. 机动灵活的绩效管理体制

近年来,丹麦企业在预算和编制流程中使用绩效和结果信息取得了一定的成效。企业绩效管理体制成功地从一个注重投入为导向的体制转变为一个更注重结果的体制,这种转变有利于政策制定者在相互竞争的企业目标中排出先后顺序,促使各部门重视关键的、优先事项,更有效地利用预算资源,既降低了支出成本,又提高了部门支出的绩效。

虽然丹麦企业在改善预算绩效管理方面做了大量、持续的努力,并获得了一定的经验,但是仍然需要不断地完善。丹麦企业在预算绩效管理体制的实施和发展过程中,面临的主要挑战是技术、文化、体制方面的问题。一个主要的技术挑战与测量有关,由于结果往往涉及各部门的许多相互作用的交叉因素,难以为部门的核心活动制定适当的指标,寻找准确的绩效测量方法,并且收集正确的数据去评价绩效。

丹麦企业在努力改进预算绩效管理方面,主要从以下领域着手:一是在产出和成果测量上增强相关各方之间的对话和协商;二是改进绩效报告,提供更丰富的相关信息和各种关键财务数据;三是整合项目,解决目标交叉的问题;四是建立管理信息系统,收集财务信息、会计数据以及其他管理信息,以改进现行的预算绩效管理体制。

(二)衡量和评估绩效

绩效协议包括四部分:协议方、部门使命、部门任务与目标、可选择部分。

为阐明部门的特殊任务和主要目标间的关系,从目标和活动的层级上分析机构的行为,依序为:财务手段、投入(资源)、分项活动、整体活动、服务、产出、结果。由于最终目标在预算案中有明确并相应的预算分配,这种对活动的阶段划分有助于预算编制向权责发生制转变。

目前,绩效评估取得的成就主要包括以下三个方面。

第一,建立了层级式绩效评估体系,即项目评价—部门评价—跨部门评价。

第二，进行比较绩效评估，对项目的评价在多个部门予以公布，形成相互比较和竞争的局面。

第三，绩效评估与预算紧密结合，为项目和部门绩效提交提供内在动力。

（三）预算程序中整合绩效信息

一般来看，预算程序中的信息来源于年度报告、绩效协议、评估和效率战略。丹麦企业没有严格的绩效评估体系直接对预算进行反馈。然而，通过预算分析、年度报告、效率战略与支出部门间的双边协议所获得的绩效信息，将会影响对预算的投入。

企业各部门有义务出具年度报告，以评价与预算相关的绩效以及与部门主要职责相关的外部目标的绩效状态，即所有的部门都应拥有一份绩效协议，将协议作为部门制定绩效规划行为准则工作的一部分。

根据绩效协议内容，年度绩效报告提供有关资源运用的信息和目标完成的情况，这需要根据权责发生制的会计准则和预算要求改进报告。年度绩效报告最多不能超过20页。年度绩效报告必须包括以下主要内容：

①简介，介绍目前机构、结果和期望值。

②绩效报告：外部既定目标、实际绩效、绩效完成与否的分析、对预算节余的解释。

③会计原则、结果、资产负债、现金流和拨款账户情况。

④年度报告。

⑤附件：备注、收入来源、收费、财产转移、投资、会计原则说明和修正说明等。

二、丹麦企业预算绩效管理的经验

（一）建立强有力的预算绩效管理法律框架体系

丹麦企业预算绩效管理的实践证明，预算绩效管理要取得实效，必须得到法律制度的支持，即要从法律的高度来规范预算绩效管理。通过进一步推进行政体制改革，明确部门职能，全面推行企业预算绩效管理，强化预算绩效的作用，落实部门的预算绩效管理责任，将预算绩效管理作为企业绩效管理的重要内容，与部门责任人的年度工作目标考核及离任审计挂钩。

（二）建立以战略和结果为导向的绩效管理体系

在建立绩效管理体系时，要把战略规划和绩效协议纳入企业绩效管理的框架。战略规划应明确部门的职能、使命、目标和任务，企业部门履行职能应以目标为导向，制定绩效协议的主要目的是确保企业部门的目标与绩效评价的目标保持一致。同时，要将绩效理念融入预算管理。

首先，在部门预算中增加部门绩效预期目标内容，将部门的发展目标与资金供给量相联系，预算编制时制订绩效计划，设立绩效目标，根据所要达到的目标对资金需求进行准确测算。

其次，建立绩效报告和评价制度，对资金使用绩效进行评价，将部门履行职能的产出结果（履责结果）与既定的绩效目标（履责目标）相对比，评价部门绩效目标的实现程度，得出客观公正的评价结果。

最后，公开绩效评价结果，合理应用绩效评价结果，将其作为改进预算管理、编制以后年度预算的重要依据。

（三）建立科学规范的预算绩效评价指标体系

从丹麦企业预算绩效管理的历史来看，预算绩效管理开始是作为支出控制政策的一个分支，立足于降低成本、改善管理行为和提高工作效率，绩效评价指标主要关注管理过程；立足于企业实际，在统一的框架内建立不同层次的预算绩效评价指标体系，如定性指标与定量指标相结合，共性指标和个性指标相结合。

对适用于所有部门的共性指标，主要从预算执行情况、财务管理状况、资产管理情况以及衡量绩效目标完成程度的社会效益和经济效益等方面进行评价。对适用于不同部门的个性指标，要针对部门、行业特点或项目实际，结合部门职能和项目管理目标，根据评价的目的，按照一定的程序来制定评价指标和确定评价标准。

（四）建立以绩效为基础的预算绩效管理体系

一是夯实预算绩效管理的基础，规范公共支出管理，准确地把握资源耗费的成本，逐步解决预算管理中资产增量管理与存量管理脱节的问题。

二是以预算绩效管理为核心，进一步优化预算绩效管理流程，将绩效理念贯穿预算管理的全过程。预算编制要设立并提交绩效目标，预算执行要始终以目标为导向，将绩效评价结果作为改进预算管理和以后年度预算编制的重要依据。

三是全面推行中期预算绩效管理，以绩效为依据，滚动编制企业预算，加大对项目支出预算的滚动管理，根据企业各部门制订的战略规划和事业发展规划编制中期预算，将中期预算与年度预算更紧密地结合在一起，使部门的战略规划与年度工作计划的制订、年度部门预算紧密结合起来。在此基础上，逐步探索出具体的绩效评价目标。

四是建立预算绩效管理信息系统。预算绩效评价所需信息量大、涉及部门多、信息来源渠道广泛，建立统一规范的预算绩效管理信息系统和基础资料数据库，可以提高预算绩效管理的效率。

第五节　各国企业预算绩效管理实践模式的借鉴

一、贯彻预算绩效管理理念

从各国企业预算绩效管理实践看，凡是工作开展成效好的企业，主要领导对预算绩效管理工作都给予了高度重视和支持。因此，要注重强化思想引领，引导企业充分认清实施预算绩效管理的重要性，从顶层设计入手，按照"统一组织、分级负责、重点突破、全面推进、科学规范、客观公正"的原则，优化体系架构，自上而下推动预算绩效管理理念的贯彻落实。

二、完善绩效评价体系的构建

预算绩效管理的核心是绩效评价体系的构建，一套完善的绩效评价体系支撑着整个预算系统的良好运转。目前，我国企业在具体环节上仍存在不适应预算流程的内容，因此需要进一步完善现有体系，建立定性与定量相结合、统一性指标与专业性指标相结合的多层次绩效评价体系。要按照全面性、准确性和兼容性的原则，合理设定绩效目标；需明确评价重点，更加关注整个项目的产出和结果，同时也要重视投入方面的内容；要科学地制定绩效评价指标，尽可能涵盖考核的各个方面，建立行之有效的绩效评价机制，保证绩效评价结果的真实性和有效性；

加强评价结果反馈的应用，及时有效地反馈评价结果，充分利用评价结果，改进预算管理，提高企业绩效。

三、充分发挥部门工作的积极性

预算部门是预算绩效管理的主体，大量的具体工作需要由部门来做，绩效指标体系的建立和完善也必须由企业专业人员来完成。推进预算绩效管理改革必须充分调动部门的积极性，建立以部门自评为主的机制。要充分调动部门的积极性，首先要明确部门的职责；其次要建立绩效管理工作考核机制；最后要逐步给预算部门适度的自主权。

四、循序渐进地推进预算绩效管理实施

企业预算绩效管理改革涉及部门利益的重新调整，必然会有一定的阻力，同时，工作流程优化、评价指标体系建设、信息化建设等也是一个不断积累和完善的过程。因此，改革应采取渐进模式，先点后面，先易后难。在管理环节上，先从支出绩效评价和预算绩效目标管理开始，逐步向全过程预算绩效管理过渡。在管理范围上，先从项目支出开始，逐步向大类支出、总体支出以及政策评估过渡。在改革目的上，目前主要是通过预算绩效管理改革，强化、细化、优化预算管理过程，增强部门绩效意识和责任意识，提高资金的使用效率。以后结合企业预算绩效管理改革，逐步改革资金分配方式，提高资金配置的效率。

五、将评价结果应用加快推广开来

企业预算绩效管理改革要想取得实效，也必须真抓、真评、真问责。改革初期，可从容易显现效果的环节和项目做起，并以预算绩效评价结果应用和问责为突破口，引导各部门进一步提高认识、转变观念，把这项工作抓牢、抓好。同时，要建立第三方评价机制，保证预算绩效评价结果的客观、公正，防止自我评价可能出现的"只讲优、不说劣，表功多、纠错少"的倾向或问题。

六、预算绩效管理制度的建设和完善

实现对预算过程的高度控制及各部门预算行为的合规性，是引进预算绩效管理的必要条件，而目前我国部分企业对预算活动还未实现有效控制，预算绩效管理中存在随意性大、人为因素多、约束力不强等问题。

因此，要进一步完善预算绩效管理制度，具体工作体现在以下几个方面。

第一，进一步完善预算编制制度，提高预算编制的科学性。借鉴国外企业的做法，推行中期预算框架。

第二，预算编制的民主、透明和公开。为加强预算编制、执行、修订、追加等行为的严肃性、公正性和透明度，可以考虑成立专职的预算管理机构和建立预算论证制度、预算听证制度等，对重大的支出决策，应广泛征求社会各界的意见。

第三，预算管理制度的配套改革。预算管理需引入权责发生制会计制度，应提前进行会计制度改革的研究工作。

七、创新管理手段，发挥信息技术优势

企业高效的预算绩效管理体系，必须要有先进的管理分析手段做技术支撑，应以绩效指标标准化建设为抓手，以大数据应用为基础，综合运用各种数据分析方法，使绩效信息体现横向可比性和纵向可追溯性，做到"可比较、可检测、可评价、可报告"。

企业要建立与预算编制系统融合的绩效目标管理系统，实现流程审核、实时跟踪、动态管理；建立预算绩效评价指标库，添加绩效评价操作平台、绩效结果反馈等模块，并与资产管理系统、预算编制系统等实现耦合互联，提高预算绩效评价信息处理效率，促进预算绩效管理的科学化、精细化。

八、注重法制建设，构建制度法律体系

通过借鉴国外预算绩效管理实践经验，不难发现国外企业的预算绩效管理改革的成功，离不开权威性法律框架的有力支持。

国外企业在推进改革的过程中，均采取了法律先行的推广路径，并在实践中依据改革的侧重点以及公众需求不断地调整，从而不断规范和完善配套的法律体系，为企业预算绩效管理的改革提供了强大的法律方面的支持，有效排除了改革的阻力。

国内先进地区的企业在推进改革的过程中，也是坚持政策文件先行，通过制定相关制度，强化改革的权威性，明确企业各部门的责任。因此，应该结合实际，加强预算绩效管理领域相关的法律建设。

九、加快专家、中介机构等基础库建设

企业预算绩效管理改革的政策性、专业性、技术性较强,程序也较为复杂。所以,对于我国企业来说,既要借鉴他国做法,在绩效指标体系、信息化、专家库和中介机构库建设方面采取切实措施,也要通过专题培训、考察调研、业务交流等形式,提升企业相关工作人员业务水平,为企业预算绩效管理改革提供知识和技术保障。

参考文献

［1］罗瑞荣．基于企业绩效价值的经营者绩效考核研究［M］．北京：知识产权出版社，2010．

［2］吕昕阳．典型发达国家绩效预算改革及其借鉴研究［M］．北京：中国社会科学出版社，2011．

［3］许群．企业预算编制实务与经典案例［M］．北京：中国市场出版社，2012．

［4］刘佳刚．消费者响应视角下企业社会责任和企业绩效的关系研究［M］．长沙：湖南师范大学出版社，2012．

［5］薄纯林，沈克慧．动态能力对企业绩效影响研究：基于知识整合的视角［M］．上海：上海大学出版社，2013．

［6］王桂娟．绩效预算的经济学分析：兼论财政职能与政府效率［M］．上海：立信会计出版社，2013．

［7］顾瑞鹏．企业纳税预算与风险管控［M］．昆明：云南大学出版社，2013．

［8］毛翠英．财政预算绩效目标管理研究［M］．北京：中国财富出版社，2013．

［9］姜红玲．中国背景下高科技企业创业特质、创业导向与企业绩效实证研究［M］．北京：知识产权出版社，2013．

［10］黎毅．企业绩效评价体系研究：基于利益相关者的视角［M］．大连：东北财经大学出版社，2013．

［11］张立秋，关怡，胡盛林．企业绩效管理实用手册：基于战略选择的绩效管理体系［M］．北京：九州出版社，2014．

［12］潘成云．企业竞争战略目标模式选择和绩效［M］．上海：复旦大学出版社，2014．

[13] 王海涛. 推进我国预算绩效管理的思考与研究［M］. 北京：经济科学出版社，2014.

[14] 李尽法. 绩效预算管理工具创新［M］. 北京：中国财政经济出版社，2014.

[15] 夏先德. 中国绩效预算模式设计研究［M］. 北京：中国财政经济出版社，2014.

[16] 沈永建. 职工薪酬与企业绩效：来自中国企业的实证研究［M］. 上海：立信会计出版社，2014.

[17] 刘淑华. 企业社会责任绩效评价及推进机制［M］. 北京：中国经济出版社，2015.

[18] 吴航. 企业国际化影响创新绩效的机制研究：来自中国企业的证据［M］. 杭州：浙江大学出版社，2015.

[19] 卜华白. 价值网企业创业绩效损失机理研究：一种基于非物资资源配置的视角［M］. 北京：北京燕山出版社，2016.

[20] 严思恩，吕宏. 大数据时代下的全面预算与绩效考核［M］. 上海：上海交通大学出版社，2016.

[21] 钟玮. 结果导向的预算绩效管理实践研究［M］. 北京：中国财政经济出版社，2016.

[22] 林秀香. 预算管理：从企业战略到规划［M］. 大连：东北财经大学出版社，2016.

[23] 李成威. 建立现代预算制度：从绩效到民生［M］. 上海：立信会计出版社，2016.

[24] 陈胜军. 企业高管薪酬差距对企业绩效的影响及政策研究［M］. 北京：对外经济贸易大学出版社，2016.

[25] 蔡坚. 基于知识流动的企业创新网络与创新绩效关系研究［M］. 武汉：华中科技大学出版社，2016.

[26] 田立法. 人力资源管理系统与企业绩效：理论与对策［M］. 北京：中国经济出版社，2016.

[27] 孙莹. 税收激励政策对企业创新绩效的影响研究［M］. 上海：上海人民出版社，2016.

[28] 王竹泉, 祝兵, 孙莹. 预算与绩效管理 [M]. 北京: 中国财政经济出版社, 2017.

[29] 蔚垚辉. 中小型高新技术企业绩效评价研究 [M]. 太原: 山西经济出版社, 2017.

[30] 李玉蕾. 企业绩效考核激励效应的异化研究 [M]. 西安: 西安交通大学出版社, 2017.

[31] 董淑兰, 王永德. 企业社会责任与绩效关系研究: 基于价值创造与可持续增长的视角 [M]. 大连: 东北财经大学出版社, 2017.

[32] 张铭慎. 双轮驱动创新: 结构改革下中国企业的开放创新与绩效 [M]. 北京: 科学技术文献出版社, 2017.

[33] 刘凌冰. 中国企业全面预算管理成熟度研究 [M]. 大连: 东北财经大学出版社, 2018.

[34] 段晶晶. 基于企业合作绩效的产学研合作研究 [M]. 天津: 天津大学出版社, 2018.

[35] 刘兵, 刘佳鑫. 基于社会责任的绿色智力资本对企业绩效的影响研究 [M]. 北京: 知识产权出版社, 2018.

[36] 嵇国平, 阚云艳. 企业社会责任与企业绩效的关系研究: 企业软实力与利益相关者关系的双重中介效应 [M]. 上海: 上海财经大学出版社, 2018.

[37] 范亚楠. 国际化过程中企业网络、知识搜寻双元均衡对创新绩效的影响机制研究 [M]. 北京: 中国经济出版社, 2018.

[38] 周萍, 王宇露. 中国企业的环境行为与绩效研究: 以节能服务外包为例 [M]. 沈阳: 东北大学出版社, 2018.

[39] 胡华. 中国地方预算绩效管理研究 [M]. 太原: 山西经济出版社, 2018.

[40] 赵欣宇, 王玮. 企业财务与预算管理 [M]. 汕头: 汕头大学出版社, 2019.

[41] 王凤燕. 财务共享模式下的内部控制与企业绩效研究 [M]. 北京: 中国社会出版社, 2019.

[42] 朱丽献. 企业绩效考核与薪酬管理的优化与设计 [M]. 沈阳: 东北大学出版社, 2019.

［43］彭雪蓉．利益相关者环保导向、生态创新与企业绩效：组织合法性视角［M］．长春：吉林大学出版社，2019．

［44］李荣，顾晓良．现代企业预算管理［M］．大连：东北财经大学出版社，2019．

［45］任雪娇．制度环境对创新型企业创新绩效的影响机制研究［M］．哈尔滨：哈尔滨工程大学出版社，2019．

［46］钱力，胡能武．企业盈利关键点：全面预算管理［M］．北京：北京联合出版公司，2019．

［47］刘国永，李文思，王萌．全面实施预算绩效管理实践指导［M］．镇江：江苏大学出版社，2019．

［48］马翠萍．创业者中庸思维与创业激情对新创企业绩效的影响机制研究［M］．杭州：浙江大学出版社，2019．

［49］朱美丽．基于公共价值的全面预算绩效管理研究［M］．北京：社会科学文献出版社，2020．

［50］张俊杰，俞有光，赵怀信．预算绩效管理咨询服务规程［M］．北京：经济科学出版社，2020．

［51］陈宏桥．中小企业绩效评价优化研究：基于企业全面预算管理视角［J］．财会研究，2010（22）：41-42．

［52］李娟．基于企业预算管理系统中的绩效考核问题研究［J］．中国证券期货，2012（5）：110．

［53］夏翠红．基于绩效思考的物流企业预算管理研究［J］．东方企业文化，2013（10）：174．

［54］马婷．目标及预算管理在企业绩效管理的运用［J］．商场现代化，2014（22）：102．

［55］常海威．企业财务预算与内部绩效管理研究［J］．北方经贸，2014（12）：111-113．

［56］苏德安．企业加强预算管理与绩效考核研究［J］．中国乡镇企业会计，2014（9）：63-64．

［57］蒋秀丽．基于企业预算管理系统中的绩效考核问题研究［J］．行政事业资产与财务，2015（33）：10-11．

［58］郭方成，刘爱杨，单淑玲. 企业预算松弛影响因素及其对公司绩效影响的实证研究［J］. 财会通讯，2015（21）：81-83.

［59］李晓珂. 企业预算管理及绩效考核的提高措施［J］. 财经界，2015（6）：30.

［60］吴瑞英. 当前中小工业企业预算绩效管理模式实践探析［J］. 中国市场，2016（25）：46.